Janssen/Joswig (Hg.) Erinnern und aufstehen – antworten auf
Kreuzestheologien

W0170978

Themen der Theologie – neu gesehen
Herausgegeben von Grenzgängerin e.V. Verein zur
Förderung feministischer Theologie

Claudia Janssen / Benita Joswig (Hg.)

Erinnern und aufstehen – antworten auf Kreuzestheologien

Matthias-Grünewald-Verlag · Mainz

Der Matthias-Grünewald-Verlag ist Mitglied
der Verlagsgruppe engagement

Die Deutsche Bibliothek – CIP-Einheitsaufnahme

Ein Titeldatensatz für diese Publikation ist bei Der Deutschen Bibliothek erhältlich

Umschlag: Matlik & Schelenz, Selzen,
unter Verwendung von Ulrike Rosenbach, „Verrückter Tanz" (1994)
Satz: Kontext – Satz und Layout, Lemsel
Druck und Bindung: Fuldaer Verlagsagentur

ISBN 3-7867-2272-2

Inhalt

Vorwort 7

Claudia Janssen
Kreuzestheologien. Anfragen und Positionen in der aktuellen
deutschsprachigen Diskussion 13

Luise Schottroff
Immer wenn ihr dieses Brot eßt und den Becher trinkt.
Kreuzigung und Abendmahl 29

Christologie 41

Beate Wehn
Gewalt im Kontext. Notwendige Erinnerungen an Kreuze in
Gegenwart und Geschichte 48

Regula Strobel
Opfer oder Zeichen des Widerstandes? Kritische Blicke auf
problematische Interpretationen der Kreuzigung Jesu 68

Erlösung und Heil 83

Benita Joswig
Kreuzigung und Augensinn. Blickstrategien im Spannungsfeld
von Theologie und Kunst 91

Auferstehung 100

Magdalene L. Frettlöh
Rechts und links vom Kreuz stehen. Die Kreuzestafel des
Isenheimer Altars feministisch-theologisch wahrgenommen 107

Sünde 128

Andrea Bieler
ICH HABE ANGST. Die Predigt vom Kreuz
im narzißtischen Zeitalter 132

Karfreitag 150

Rachel Seifert
**Der Kreuzweg
in der Chapelle du Rosaire von Henri Matisse.**
Eine Meditation 154

Die Autorinnen 160

Verzeichnis der Abbildungen 162

Vorwort

Jesus von Nazaret ist vor fast 2000 Jahren den römischen Foltertod am Kreuz gestorben. Diese Tatsache ist ein historisches Ereignis. Mit der Frage nach der Bedeutung dieses Geschehens müssen sich alle auseinandersetzen, die sich als Christinnen und Christen in die Nachfolge Jesu stellen, der als Messias verehrt wurde. Fast 2000 Jahre nach seinem Tod stellt sie sich uns auf andere Weise als den Menschen um Jesus herum, die durch seinen Tod in ihrer eigenen Existenz betroffen waren, und auch anders als Paulus, der auf vielfache Weise sein Bekenntnis zu Jesus als dem Christus formuliert hat, den er als Lebenden nicht gekannt hat. Ein großer zeitlicher und kultureller Abstand trennt uns von den biblischen Bekenntnissen und Deutungen des Todes Jesu.

Im Kontext Deutschlands, einem der reichsten Länder der Welt, müssen wir uns heute in ganz anderer Weise mit dem Kreuz auseinandersetzen als die ersten ChristInnen, in deren Alltag es brutale Realität war. Es ist nötig, neu zu benennen, welche Kreuze es in unserer Gegenwart gibt und wie wir uns zu dem Kreuz Christi in Beziehung setzen können. Jede Auseinandersetzung mit dem Kreuz ist geprägt durch die Wirkungsgeschichte, in der es mißbraucht und verherrlicht wurde. Selbst der Zugang zu befreienden Traditionen, die das Kreuz in den Mittelpunkt gestellt haben, fällt heute vielfach schwer. Insbesondere die gottesdienstliche Liturgie ist vielen Frauen und Männern fremd geworden. Andere, von kirchlichen Traditionen entfernt lebende Menschen, sind mit den Inhalten und Formeln traditioneller Kreuzestheologie nicht mehr vertraut. Das Kreuz ist im alltäglichen Zusammenhang zum Symbol, zum Erkennungszeichen für Kirche generell geworden. Daher ist es notwendig, die theologischen Inhalte der Rede vom Kreuz so zu übersetzen, daß ihre aktuelle Bedeutung sichtbar wird.

Ein Blick in die Theologiegeschichte zeigt, daß sich im Kreuz wie in keinem anderen christlichen Symbol Grundfragen menschlicher Existenz und des Glaubens vereint haben, daß das Kreuz aber auch zur Legitimierung von Macht und Herrschaft mißbraucht wurde. Die Auseinandersetzungen über seine Bedeutung sind immer wieder neu und kontrovers geführt worden. Auch die Abbildungen des Kreuzes in der Kunst sind vielfältig und verändern sich je nach dem, was mit ihm verbunden wird. Jede Zeit hat ihre Darstellungen in Kirchen, auf Altären und an anderen öffentlichen Orten hinterlassen. Viele sind uns heute bekannt und vertraut. Mehr als manche theologische Schriften haben sie durch ihre Anschaulichkeit unsere Vorstellungen des Kreuzes beeinflußt, Faszination, Andacht, Trost oder Abwehr hervorgerufen und zur Auseinandersetzung angeregt.

Die Geschichte des Kreuzes hat viele verschiedene Seiten und Facetten, wie es auch heute für die einzelnen Menschen unterschiedliche Bedeutung hat. Kreuzestheologien haben in die verschiedenen Lebensbereiche christlicher Gesellschaften Eingang gefunden und zeigen sich in vielerlei Gestalt. Kreuzestheologische Aussagen werden vielfach reproduziert und zeigen selbst dort Wirkung, wo sie nicht mehr bewußt wahrgenommen werden, z. B. im Bereich der Wirtschaft oder im Krieg. Auf subtile Weise beeinflussen sie auch heute in unserer postchristlichen entkirchlichten Gesellschaft das Leben und Handeln, insbesondere unsere sexualethischen Vorstellungen. Vor allem Interpretationen des Sühn-Opfers haben eine Wirkmächtigkeit im säkularen Bereich und werden vorzugsweise dort tradiert, wo es darum geht, Menschen zu Opfern zu machen oder sie in ihrem Opferstatus festzuschreiben. Die krankmachenden Mechanismen einer mißverstandenen Rede vom Kreuz gilt es aufzudecken und zu verändern. Die Auseinandersetzung mit der Bedeutung von Opfer und den Möglichkeiten eines christlich-theologischen Umgangs mit dieser ursprünglich kultischen Kategorie durchzieht deshalb verschiedene Beiträge dieses Buches. Anhand zentraler Themen der Kreuzestheologie wollen wir Schlaglichter auf Fragen und Schwierigkeiten, auf die komplexen Zusammenhänge, die bei einer Aneignung des Themas begegnen, werfen. Ein Schwerpunkt liegt dabei auf der feministischen Diskussion, in der seit Jahren grundsätzliche Kritik an herkömmlicher Kreuzestheologie geübt wird. Insofern versteht sich unser Projekt, Antworten auf Kreuzestheologien zu entwerfen, als Beitrag innerhalb dieser Diskussion. Wenn wir uns auf die Suche nach Neuinterpretationen machen, wenn wir versuchen, überlieferten Traditionen einen neuen bzw. ihren ursprünglichen Sinn abzugewinnen, sind wir uns darüber im klaren, daß auch unsere Antworten vorläufig und anfragbar sind. Dennoch sehen wir die Notwendigkeit, konkret Stellung zu beziehen und an der Bestimmung dessen, was das Kreuz in unserer Gegenwart bedeutet, teilzuhaben.

In unseren Antworten auf Kreuzestheologien, auf die existentiellen Fragen, die sie stellen, haben wir stets eine unauflösbare Spannung empfunden: zwischen dem Vertrauen auf die Tragfähigkeit biblischer Vorstellungen von Gerechtigkeit und Gegenseitigkeit und dem Wissen um ihre Mißbrauchbarkeit, das die Notwendigkeit einer Hermeneutik des Verdachts immer wieder deutlich macht. Diese Spannung drückt sich auch in unserem jeweils individuellen Zugang zu kreuzestheologischen Aussagen aus: zwischen dem Gefühl, in christlichen Traditionen beheimatet zu sein, in ihnen ein Stück eigener Identität zu finden, und der Notwendigkeit, ihren Mißbrauch zu kritisieren und anzuklagen. Diese Spannungen zeigen sich auch in den verschiedenen Beiträgen der Autorinnen dieses Buches. Sie sind nicht aufzulösen, sondern gehören grundlegend zu kontextueller Theologie. Wir sehen keine Notwendigkeit, Positionen zu vereinheitlichen oder Differenzen zu harmonisieren. Sowenig es *die* Feministische Theologie gibt, sowenig wird es *die* feministische Kreuzestheologie geben. Dies ist ein wichtiges Ergebnis unserer gemeinsamen Arbeit an diesem Buch. Es sind die Vielfalt der theologischen Herangehensweisen und die unterschiedlichen Kontexte, in denen die Autorinnen leben und arbeiten, die die zentrale Stellung des Themas widerspiegeln. Alle Verfasserinnen kommen aus dem westlichen deutschsprachigen Raum und sind bis auf eine Ausnahme evangelisch. Unser Anspruch ist es jedoch, über diesen Kreis hinaus grundsätzliche Fragen aufzuwerfen und uns der Diskussion zu stellen.

Das Nebeneinander unterschiedlicher Zugänge und Positionen bedeutet für uns keine Beliebigkeit. Neben den Unterschieden gibt es Grundentscheidungen in der Weise, an das Thema Kreuz heranzugehen, die in den Beiträgen sichtbar werden:

– Es gibt keine kontextlose Theologie. Es gilt, die eigene Parteilichkeit zu erkennen und sichtbar zu machen. Nur so kann ein Dialog stattfinden. Bei allen Aussagen über die Bedeutung des Kreuzes in der Gegenwart sind zwei Kontexte zu beachten: der Kontext derjenigen, die die jeweilige Aussage machen, und der Kontext derjenigen, an die sie sich richtet, die sie auf ihren Lebenszusammenhang beziehen. Nur so kann deutlich werden, daß z. B. „gutgemeinte" Ausführungen über Opfer und Hingabe eine fatale Wirkung haben können, wenn sie von Menschen gehört werden, die aktuell Gewalterfahrungen ausgesetzt sind.

– Eine theologische Rede von Erlösung, Heil und Auferstehung kann nur dann glaubwürdig sein, wenn sichtbar wird, welche Konsequenzen sie für ein Leben aus der Perspektive des Reiches Gottes hat, wenn sie mit einer Praxis verbunden ist, in der Gegenseitigkeit, Gerechtigkeit und Solidarität auf verschiedenen Ebenen erfahrbar werden. Wenn die Botschaft von der Auferstehung ernst genommen wird, bedeutet sie ein Ende jeder Form von Kreuzestheologie, die Menschen auf ihr Sündigsein reduziert und sie passiv werden läßt.

– Aussagen, die dazu beitragen, Gewaltverhältnisse zu verschleiern oder zu begünstigen, müssen kritisiert und abgelehnt werden. Generell sollten alle theologischen Formeln und Vorstellungen daraufhin untersucht werden, ob sie Menschen ermutigen, aus Gewaltverhältnissen aufzustehen, oder sie in diesen festschreiben.

– Vielfalt ist eine Grundkategorie christlicher Identität, die mit der Würdigung und Achtung anderer und gleichzeitig mit dem Anspruch verbunden ist, sich den Konflikten, die sie herausfordert, zu stellen. Um Kreuzestheologie wird vermutlich so lange kontrovers gestritten, wie es christliche Theologie gibt. Je offener die Kontroverse geführt wird, desto befruchtender wird sie für die Formulierung christlicher Identität und ihren Stellenwert in unserer Gesellschaft sein.

Der *Aufbau des Buches* orientiert sich an den Themen, die eine grundlegende Beschäftigung mit dem Kreuz Jesu von Nazaret und kreuzestheologischen Entwürfen aufwirft: Nach einer Einleitung in die zentralen Fragen der aktuellen deutschsprachigen Diskussion um das Kreuz werden die sozialgeschichtlichen Hintergründe der Kreuzigung und ihrer biblischen Deutungen beleuchtet. Im Zentrum steht hier das Abendmahl als Aktualisierung der Erinnerung und Feier der Auferstehung. Daran anschließend wird die Problematik kreuzestheologischer Aussagen im Kontext von Gewalt gegen Frauen und aktuellen wirtschaftspolitischen Entscheidungen erörtert. Insbesondere die Frage nach der Bedeutung des Opfers im Zusammenhang von theologischen Heilsvorstellungen und ihren profanen Entsprechungen wird in diesen Beiträgen kritisch untersucht.

Der Möglichkeit bzw. Un-Möglichkeit, auf das Kreuz zu sehen, eigene Blickstrategien zu entlarven, und der Frage, inwiefern Blick und Handlung zueinander in Beziehung stehen, wird anhand der künstlerischen Arbeit „Verrückter Tanz" von Ulrike Rosenbach nachgegangen. Anschließend wird aus einer feministisch-theologischen Perspektive die Frage nach Blickstrategien erörtert. Die Kreuzestafel des Isenheimer Altars von Matthias Grünewald steht hierbei im Zentrum. Insbesondere der traditionelle männliche Blick auf dieses Kunstwerk wird einer kritischen Analyse unterzogen. Die Interpretation der Installation von Rosemarie Trockel „ICH HABE ANGST" bildet dann den Ausgangspunkt für die Frage, wie in unserer individualisierten Gesellschaft theologisch vom Kreuz gesprochen werden kann. Eine Analyse aktueller Predigten zeigt, daß die Schuldfrage, die seit der Reformation traditionell im Zentrum stand, abgelöst wird durch das narzißtische Thema „Wer sagt mir, daß ich wertvoll bin, daß das Leben einen Sinn macht?" Es stellt sich nun die Frage, wie im Rahmen von Kreuzestheologie auf diesem Hintergrund von Schuld gesprochen werden kann. Welche Impulse gegen eine fortschreitende Individualisierung kann Kreuzestheologie geben? Eine Meditation über den „Kreuzweg" von Henri Matisse unter Berücksichtigung des biblischen Befunds zum Kreuzigungsgeschehen schließt das Buch ab.

Zwischen den einzelnen Beiträgen finden sich kurze „Lexikon"-Artikel zu ausgewählten Begriffen, die bei der Beschäftigung mit Kreuzestheologie eine zentrale Rolle spielen: Christologie, Erlösung und Heil, Auferstehung, Sünde, Karfreitag. Eine knappe Einleitung in die geschichtlichen Hintergründe und die theologische Diskussion soll es den LeserInnen ermöglichen, einen eigenen Zugang zu diesen Schlüsselthemen zu finden. Innerhalb des Buches finden sich Verweise, die mit einem Pfeil ➜ gekennzeichnet sind. Sie sollen die Diskussion transparent machen und die Verbindungslinien aufzeigen, die zwischen den Artikeln bestehen.

Angeregt und gefördert wurde dieses Buchprojekt von GRENZGÄNGERIN. Verein zur Förderung feministischer Theologie e.V., Kassel. GRENZGÄNGERIN hat es sich zur Aufgabe gemacht, den Dialog zwischen wissenschaftlicher Theologie und gelebtem Glauben, zwischen Theorie und Praxis zu unterstützen. In Arbeitsgruppen zu verschiedenen „Themen der Theologie", Tagungen und einer Reihe allgemeinverständlicher Bücher soll dieses Ziel verwirklicht werden. *„Erinnern und aufstehen – antworten auf Kreuzestheologien"* macht den Anfang, weitere Veröffentlichungen zu den Themen: Bibel (NT/AT), Auferstehung, Heimat – Fremde – Flucht – Asyl sind in Vorbereitung. Die einzelnen Artikel dieses Buches sind größtenteils keine Schreibtischprodukte einzelner, sondern aus einer zweijährigen Zusammenarbeit erwachsen. Unser Dank geht an die Autorinnen und an die anderen Mitglieder der Projektgruppe Kreuz, in der dieses Buch entstanden ist: Martha A. Becker, Andrea Holler, Annegret Zander. Besonders möchten wir uns bei Beate Wehn bedanken, die uns solidarisch und konstruktiv unterstützt hat.

Für die finanzielle Förderung unserer Arbeit möchten wir uns bei der Evangelischen Kirche von Hessen und Nassau, insbesondere bei Frau Oberkirchenrätin Dr. Hanna Zapp, und der Evangelischen Kirche von Kurhessen-Waldeck bedanken.

Für die Korrekturarbeit danken wir Annemarie Oesterle und für die sorgfältige Bearbeitung des Manuskripts Ute Ochtendung.

Kassel, im April 2000   *Claudia Janssen, Benita Joswig*

Claudia Janssen

Kreuzestheologien Anfragen und Positionen in der aktuellen deutschsprachigen Diskussion

Kreuzestheologie hat eine eigene Sprache, ein eigenes Denksystem, sie basiert auf Setzungen und Wahrheiten, die für Außenstehende oft schwer verständlich sind. Selbst „Insidern" fällt es häufig nicht leicht, ihre Fragen in bezug auf die Bedeutung des Kreuzes in Worte zu kleiden. Allzu komplex erscheint das Gebäude, in dem die Fragen nach Gott, nach Jesus Christus (➔ Christologie) dem eigenen Leben und Glauben eng miteinander verbunden sind. Die Schwere des Themas, die Beschäftigung mit Leiden und Tod in der Passion Jesu verleihen kreuzestheologischen Aussagen ein besonderes Gewicht. Aber gerade deswegen müssen sie sich von den Erfahrungen derer anfragen lassen, die dem Kreuz mit ambivalenten Gefühlen gegenüberstehen, für die die dogmatische Sprache und ihre formelhaften Aussagen nicht mehr verständlich sind, und nach den Konsequenzen von Kreuzestheologie in der Praxis fragen – auch wenn es am Schluß mehr Fragen als Antworten zu geben scheint.

„Das Kreuz mit dem Kreuz" ist ein beliebter Titel für Tagungen oder Seminare, in denen sich TeilnehmerInnen kritisch mit dem zentralen Symbol des Christentums auseinandersetzen. Gerade jüngere Frauen formulieren im Rahmen dieser Gespräche ihre Ablehnung, geben aber auch ihrer Ratlosigkeit in bezug auf einen angemessenen Umgang mit dem Kreuz Ausdruck: „Wie soll ich meinem Kind erklären, was ich selbst als Mutter kaum akzeptieren kann, nämlich, daß ein Vater seinen Sohn zur Schlachtbank führt? Was ist das für ein Gott?" Eine andere fügt hinzu: „Für mich das Blutvergießen? So schlimm soll ich sein, daß ein Mensch geopfert werden muß – so grausam, so erniedrigt, so langsam krepiert – wegen mir? Hätte es denn keine andere Möglichkeit gegeben, die Welt zu erlösen?" Eine andere Frau erinnert an die Auswirkung der Kreuzestheologie, wie sie über zwei Jahrtausende gelehrt wurde: „Wenn ich an die

Unrechts- und Machtgeschichte im Namen des Kreuzes denke, wird es zum Gewaltkreuz, das die Opfer- und Demutshaltung für die bereithält, die in Unterdrückungssituationen leben. Das Kreuz ist ein düsteres Symbol, das auch uns Frauen so lange kleingemacht hat. Wenn wir weiterdulden, ändert sich nichts." Etwas zögerlich meldet sich eine ältere Frau zu Wort: „Ich hab' oft richtig Angst, mein Problem, das ich hab' mit dem ‚Christus, für dich gestorben', auszusprechen. Man wird der Häresie verdächtigt. Sowas darf man gar nicht denken ..."

Insbesondere der Glaube an die ➔ erlösende Wirkung des Todes Jesu wird von herrschender kirchlicher und theologischer Seite geradezu zu einem Maßstab für den christlichen Glauben gemacht. Das wird schon daran deutlich, wie erbittert die Debatten um die Bedeutung des Kreuzes geführt werden, so z.B. in der öffentlichen Diskussion um das sogenannte Kruzifix-Urteil des Bundesverfassungsgerichts im August 1995. Dabei ist es gar nicht einfach zu erfassen, was das Kreuz in unserer Gegenwart zum Ausdruck bringen soll, wofür es steht. Kreuze können zu Zeichen des politischen Widerstands werden, wie z.B. in Gorleben im Protest gegen die Atomenergie, aber auch zum Symbol christlicher Herrschaft und Unbelehrbarkeit, wie die aktuelle Auseinandersetzung um die Errichtung von Kreuzen auf dem Gelände des ehemaligen Konzentrationslagers in Auschwitz zeigt. Gibt es einen gemeinsamen christlichen Zugang zum Kreuz, oder steht es lediglich für das, was verschiedene Gruppierungen unter *dem* Christentum verstehen? Ein Blick in aktuelle theologische Ausführungen zum Thema Kreuz soll dieser Frage nachgehen.

Kreuz und Sünde

Mit „offizieller" Kreuzestheologie werden wir u.a. in der Liturgie des Gottesdienstes konfrontiert. Im „Agnus Dei", das zur Vorbereitung des Abendmahls in vielen lutherischen Kirchen gesungen wird, heißt es: „Christe, du Lamm Gottes, der du trägst die Sünd der Welt, erbarm dich unser ..." In einer Fußnote wird erläutert: „Das *Agnus Dei* (Lamm Gottes), eine Anrufung des gekreuzigten und auferstandenen Herrn, eröffnet die Austeilung ..." (Evangelisches Gesangbuch 1994, 013.1). Die enge Verbindung von Kreuz und ➔ Sünde bzw. Vergebung der Sünden bezeugt auch eine Stellungnahme der Bischöfe der nordelbischen Landeskirche von 1985:

„8. Nach dem Zeugnis des ganzen Neuen Testament gründet alles Heil im Tod Christi am Kreuz für unsere Sünden und in der Auferstehung des für uns Gekreuzigten von den Toten. Im Glauben teilzuhaben am Leben des Auferstandenen, bedeutet zugleich, teilzuhaben an der Vergebung der Sünden, die Christus uns durch seinen Kreuzestod erwirkt hat. Vergebung der Sünden, Leben und Seligkeit gehören untrennbar zusammen.
9. Es genügt also nicht, unter Umgehung des Gekreuzigten allein am Leben des auferstandenen Christus teilhaben zu wollen. Wenn dies auch noch als Teilhabe am „Lebensborn der Natur" verstanden wird, ist wiederum die Grenze legitimer Theologie überschritten. Denn im christlichen Verständnis des Menschen bildet zwar die Schöpfung (1. Mose 1,31: ‚Siehe, es war sehr gut') die Grundlage, aber die Sünde des Menschen die Mitte. Es gibt kein Menschsein ohne Sünde und keine Heilserfahrung abseits von Vergebung der Sünden ...
10. Glaube im biblischen Sinn ist Gottesfurcht und Gottesliebe, Vertrauen zu Gott und Gehorsam. Wo die Aspekte unserer Unterordnung unter Gottes Willen (Lukas 1,38: ‚Siehe, ich bin des Herrn Magd; mir geschehe, wie du gesagt hast') und unserer Verantwortung vor Gottes Gericht für Frauen als unnötig oder gar als unannehmbar gelten, droht eine Verkürzung und Verflachung des christlichen Glaubens."
Stellungnahme der nordelbischen Bischöfe zur feministischen Theologie (1985), zitiert nach Christine Schaumberger; Luise Schottroff, Schuld und Macht. Studien zu einer feministischen Befreiungstheologie, Gütersloh 1988, 26–28, A.23.

Für diese Art kirchlicher Theologie scheint die Frage nach der Bedeutung des Kreuzes eindeutig und ohne Schwierigkeiten beantwortbar zu sein. In den Worten der Bischöfe wird denjenigen der Glaube aberkannt, die die zentrale Heilsbedeutung des Kreuzes Jesu in Frage stellen, bzw. es wird von einer Verflachung des Glaubens gesprochen. Für viele Menschen greift jedoch dieses allein an kirchlicher Dogmatik orientierte Bekenntnis viel zu kurz. Die Aussagen der Bischöfe lösen vor allem die Frage nach der Beziehung zwischen Schuld, Sünde, Erlösung und dem Sterben Jesu Christi am Kreuz aus. Hat das Kreuz außer als brutales Folterinstrument noch eine andere Bedeutung? Darf und kann ein Folterinstrument in Beziehung zu Heil und Erlösung gebracht werden? Gibt es etwas, an das angesichts des Gekreuzigten geglaubt werden muß? Diese Fragen stellen sich insbesondere im Zusammenhang von Gottesdienst und Predigt. Denn hier hat das Kreuz einen wichtigen Stellenwert. Die Ratlosigkeit im Umgang mit Kreuzestheologie läßt viele GottesdienstbesucherInnen, aber auch LiturgInnen, mit einem diffusen Gefühl der Sündhaftigkeit beladen zurück. Viele formulieren in diesem Zusammenhang Schwierigkeiten, die eigene Existenz mit dem in Einklang zu bringen, was in Liedern und liturgischen Formeln ausgesagt wird. In welchem Zusammenhang stehen

Kreuz, Tod, das Blut Jesu Christi und das eigene Leben? Dieser Frage soll im folgenden anhand theologischer Entwürfe zum Thema Kreuz nachgegangen werden:

Das Wort vom Kreuz

Bei der Lektüre herkömmlicher systematisch-theologischer Entwürfe wird deutlich, daß das Bewußtsein für historische Zusammenhänge des Kreuzes vielfach in den Hintergrund tritt. Anstelle des Kreuzes als Folterinstrument der Römer steht hier „das Wort vom Kreuz" (vgl. 1 Kor 1,18) im Zentrum der Überlegungen. Dieses Vorgehen ermöglicht es den Verfassern (und Verfasserinnen), scheinbar zeit- und kontextlos von den Anforderungen des Kreuzes zu sprechen, die es an „den Menschen" stellt. Aber trotz der Vernachlässigung historischer Bezüge und deren Übertragung in die Gegenwart enthalten ihre Ausführungen klare Vorstellungen davon, welche Lebens- und Glaubensweisen einer christlichen Kreuzestheologie entsprechen. Auf den ersten Blick scheinen sie zwar für die Rede vom Kreuz nicht relevant zu sein, erst bei genauerer Betrachtung wird deutlich, daß hinter der sich oftmals objektiv gebenden Sprache die jeweils eigenen Lebens- und Glaubensvorstellungen verborgen sind.

So beschäftigt sich der Artikel zum Thema Kreuz von *Oswald Bayer* in der Theologischen Realenzyklopädie (TRE), der die gegenwärtige Dogmatik darstellt, vor allem mit dem „Wort vom Kreuz" (1 Kor 1,18). Dieses bedeute eine Lebenswende, wenn es in all seinen Dimensionen verstanden werde: „Der Mensch, der in der Erfüllung des Gesetzes sein Heil sucht, aufgrund seines gerechten Handelns bestehen und damit aus sich selbst sein will, wird zu Boden geworfen ... und zerbrochen ... Seinem Identitätsverlangen, das er auf moralische und metaphysische Weise zu befriedigen sucht, wird gründlich widersprochen." (1990, 774) Zu seinem alten Leben bestehe keine Kontinuität mehr, dieser „Bruch" könne schärfer und tiefer nicht gedacht werden. Zugang zu dem durch Christi Tod gestifteten neuen Bund, der Gemeinschaft mit Gott, habe der Mensch, der glaubt, der „im Umgang mit seinen Mitgeschöpfen nicht mehr seine Selbstrechtfertigung und Identität suchen muß und deshalb –

der Welt gekreuzigt ..., mithin seiner Selbstsucht abgestorben ... – außerhalb seiner in seinem Nächsten leben kann." (ebd., 776) Oswald Bayer definiert hier Kreuzestheologie als eine Lehre, die Menschen „zerbricht" und „zu Boden wirft", sie beinhaltet demnach eine radikale Aufforderung an uns, sie betrifft uns ChristInnen in unserer Identität und moralischen Orientierung. Nur wenn „der Mensch" seine Selbstsucht und sein Identitätsverlangen ablege, könne er in den neuen Bund Gottes eintreten, der durch Jesu Tod und Auferstehung gestiftet sei. Der in der Kreuzestheologie enthaltene Vorbildcharakter für christliches Handeln wird auch bei *Ingolf Dalferth* hervorgehoben und weiter ausgeführt:

„Das Wort vom Kreuz erweist Gottes Göttlichkeit nicht als die allmächtige Selbsterhaltung, unbegrenzte Selbstdurchsetzung und nicht als die allwissende Selbstgenügsamkeit, die wir erwartet und in unserem Gottdenken metaphysisch entfaltet oder polemisch bekämpft haben, sondern als *unverschuldete Selbsterniedrigung um unseretwillen,* freie Selbstbindung an das ihm Ferne, selbstloses Erbarmen für uns angesichts unseres Fundamentaldilemmas, nicht anders zu können, als ihm gleich sein zu wollen ... Ihm gleich zu sein heißt dementsprechend, so zu sein, wie er sich am Kreuz erweist: als selbstlose Liebe, die nicht den eigenen Selbsterhalt, sondern das sich hingebende Erbarmen für andere zur Grundbestimmung des eigenen Wesens macht."
Ingolf Dalferth, Das Wort vom Kreuz in der offenen Gesellschaft, in: Kerygma und Dogma 39 (1993) 129.

Nach Ingolf Dalferth erweisen sich am Kreuz Gottes Liebe und seine freiwillige Selbsterniedrigung. Daß sich Gottes Liebe am Kreuz manifestiert, wird in vielen theologischen Entwürfen formuliert. Bei genauerem Hinsehen wirft diese Aussage jedoch eine Reihe von Problemen auf. Hier entsteht das Bild Gottes bzw. Christi, der seine Liebe zeigt, indem er sich töten läßt, oder mit anderen Worten: sich für uns hingibt (➜ Strobel). Bei Dalferth wird deutlich, daß dieses göttliche Handeln uns Menschen dazu auffordert, ebenfalls mit Selbstlosigkeit und hingebendem Erbarmen anderen gegenüber zu handeln. Kritisch zu fragen ist, welches Verständnis von göttlicher Liebe hinter einem solchen Entwurf steht. Welches menschliche Verhalten kann einem Gott antworten, der seine Liebe und Selbsterniedrigung im Tod bzw. im Sich-töten-Lassen erweist? Wer kann sich in einem solchen Menschen- und Gottesbild wiederfinden? *Friedel Kriechbaum* schreibt dazu: „Selbstloses Sich-dahin-Geben wie Jesus, leiden für andere wird sinnvoll, was Frauen dazu verführt, an Unterlegenheitspositionen festzuhalten ... Wie können sie hinter der größten christlichen

Tugend, der Selbstlosigkeit, zurückbleiben wollen? Wer dies verändern will, wird an Jesus schuldig, wird Mitverursacherin seines Leidens." (1998, 67) Unter der Rubrik „religiöse Verharmlosung des Kreuzes", die das Kreuz zugunsten der Auferstehung abwerte, zitiert Dalferth dann eine Passage aus einem feministisch-theologischen Entwurf, der „nicht passive Geduld und Erleiden von ungerechter Gewalt" als christliche Tugenden bezeichnet, sondern das „Auferstehen aus Tod, Trauer und Ohnmacht" (vgl. ebd., 141). Kreuzestheologie ernst zu nehmen hieße also seiner Sicht entsprechend, besser in Tod und Ohnmacht zu verharren, als sich daraus zu erheben?

Neben der Empörung über eine solche Vorstellung bleibt vor allem Ratlosigkeit zurück, die generelle Fragen aufwirft: Gibt es ein menschliches Verhalten, das mit Jesu Tod am Kreuz gefordert wird? Gottesliebe und Nächstenliebe sind unbestritten zentrale christliche Tugenden, aber zu welchem Zweck werden sie mit der Rede vom Kreuz verbunden? Haben sie hier tatsächlich einen Ort, oder dient das Kreuz nicht vielmehr dazu, den eigenen Standpunkt unantastbar zu machen? Wird es gar als Disziplinierungsinstrument mißbraucht? Der Blick in diese dargestellten Ausführungen zur Kreuzestheologie läßt nachdenklich werden: Üben wir hier nicht eine Rede vom Kreuz ein, die christliche Theologie in den Strukturen des Todes verharren läßt? Woher stammt die mehrfach geäußerte Furcht davor, daß Menschen aus der ➔ Auferstehungsrealität heraus zu leben beginnen?

In den meisten herkömmlichen theologischen Entwürfen wird selten darüber nachgedacht, was das Kreuz in unserer Wirklichkeit bedeutet, welches konkrete Gesicht eine „zerbrochene Selbstüberhebung" oder die Abwehr des „Wie-Gott-sein-Wollens" hat. Trauer, Schmerz, Ohnmacht angesichts von Gewalt und Angst sind im Gegensatz dazu Gefühle, die für viele Menschen Realität sind. Aber bietet ihnen das, was hier über das Kreuz gelehrt wird, tatsächlich Antworten auf ihre Fragen nach dem Umgang mit Schuld und der Gebrochenheit des Lebens? Ermöglicht Kreuzestheologie so, wie sie verkündet wird, sich tatsächlich Leiden, Krankheit und Tod zu stellen (➔ Bieler; ➔ Wehn)? Hinter der Beschäftigung mit dem Kreuz steht bei vielen Menschen das Bedürfnis, einen Ort zu haben, an dem auch über Schuld und Tod gesprochen werden kann. Denn bei vielen gibt es die Einsicht, in Schuldzusammenhänge verwickelt zu sein, an anderen Menschen schuldig geworden zu sein: aktiv durch das eigene Handeln oder durch das Beteiligtsein an strukturellem Unrecht. Wir genügen in vielen Zusammenhängen nicht den eigenen Ansprüchen, sind mit Scheitern und eigener Unzulänglichkeit konfrontiert, mit Ohnmacht und Bequemlichkeit. Doch eine dogmatisch starre, abstrakte Form der Kreuzestheologie verhindert eine echte Auseinandersetzung mit diesen existentiellen Fragen und schreibt Menschen häufig viel zu pauschal und undifferenziert in einem rein moralisch gedeuteten Sündigsein fest. Die Suche nach einem konkreten Umgang mit Schuld und → Sünde, der es ermöglicht, schuldfähig zu werden und mit Schuld zu leben, kommt hingegen häufig zu kurz. Die in unseren Kirchen vielfach festgestellte Depression und Resignation haben hier ihre Ursache.

Angesichts dessen erscheint es angebracht, zumindest eine Zeitlang Zurückhaltung in bezug auf eine allzu pauschal gehaltene, dogmatische Rede vom Kreuz zu üben. Unsere religiöse Praxis ist überfrachtet mit einer Kreuzestheologie, die kaum mehr Luft zum Atmen läßt, die die Last ihrer repressiven Wirkungsgeschichte nicht einfach überwinden kann. Wenn wir das Kreuz Jesu aus der Mitte an die Seite anderer Themen christlicher Theologie stellen, es nicht länger als einzigartig, sondern eingereiht in vielfältige Erfahrungen von Leiden und Tod verstehen, könnte das Freiräume für das Entdecken anderer Traditionen eröffnen, die über Gewalt und Zerstörung sprechen und dazu ermutigen, ungerechte Beziehungen zu entlarven, die Täter (und Täterinnen) beim Namen zu nennen und für Gerechtigkeit einzutreten. Die Bibel bietet uns eine Fülle anderer wichtiger Erzählungen neben der von der Passion Jesu. Denn auch er steht bereits in einer langen Reihe widerständiger Frauen und Männer, ProphetInnen und MärtyrerInnen, die in die Geschichte Gottes eingebunden sind (→ Wehn).

Kreuz und Erlösung

Die Kritik an herrschender Kreuzestheologie prägte insbesondere die Anfangsphase Feministischer Theologie und entzündete sich vor allem an der Frage nach der religiösen Legitimierung von Gewaltverhältnissen. In der Diskussion um das Kreuz gab es verschiedene Strömungen unter den Theologinnen. Die einen lehnen das Kreuz als zentrales Symbol ihres Glaubens radikal ab, andere formulieren die Kritik an der Wirkungsgeschichte, wollen aber auf das Kreuz und dessen Traditionen für die Beschreibung christlicher Identität nicht verzichten.

Elga Sorge steht hier repräsentativ für die erste Position. Sie lehnt das Kreuzessymbol im Anschluß an Überlegungen von Mary Daly als unrettbar sadistisch und patriarchalisch ab. Das Gottesbild, das hinter der Vorstellung eines Opfertodes am Kreuz stehe, sei sadistisch, insofern das Kreuzesgeschehen nicht nur dem Willen Gottes entspreche, sondern darin auch die Liebe Gottes zum Ausdruck kommen solle. Sie möchte nicht länger das Kreuz, d.h. den Galgen, an dem Jesus ermordet wurde, als heilbringend deuten.

„Das traditionelle Gottesbild fördert eine Glaubenshaltung, die sich eher an Leiden, Quälen und Gewalt als an Liebe, Lust und Freude orientiert … Verbreiteter christlicher Spiritualität entspricht es auch heute noch, das Verharren im Leiden sehr viel weniger verdächtig zu finden, als z.B. die Verwirklichung freudespendender Liebesbeziehungen, die nicht von masochistischer „Hingabe" und leidvoller Unterwerfung geprägt sind, sondern vom Eros als machtvoll verwandelnder Kraft, die zum nötigen Widerstand gegen die herrschenden Väter-Autoritäten und andere Herr-schaften inspiriert. Wer den in allen Kirchen und vielen öffentlichen Einrichtungen hängenden gekreuzigten Gott anbetet, wird möglicherweise nicht umhin können, unbemerkt eine sado-spirituelle und nekrophile (den Tod verherrlichende) Glaubenshaltung zu entfalten."
Elga Sorge, Religion und Frau. Weibliche Spiritualität im Christentum, Stuttgart u.a. 1985, 41–42.

Auch wenn viele Frauen den Weg aus der Kirche heraus, den Elga Sorge beschritten hat, nicht mitgegangen sind, so wird doch ihre Ablehnung einer das Leiden und den Tod verherrlichenden Glaubenshaltung von vielen geteilt. *Regula Strobel* hat 1991 eine Sichtung traditioneller und feministisch-theologischer Entwürfe zum Kreuz vorgenommen. Sie zeigt, daß vor allem die herkömmlichen Interpretationen des Kreuzestodes Jesu als Opfer, Sühne für und Erlösung von unseren Sünden von feministischen Theologinnen Kritik erfahren. Diese problematisieren das Gottesbild und das Menschenverständnis, die darin zum Ausdruck kommen, die Sicht von Erlösung, sowie die ➜ christologische Isolierung Jesu, d. h., daß allein das Kreuz Jesu im Blick ist, ohne den historischen Kontext zu beachten, in dem seine Ermordung kein Einzelfall war. Die mit der Kreuzestheologie vermittelten Werte von demütigem Gehorchen bis zur

Selbstaufgabe, dienender und aufopfernder Liebe werden abgelehnt. Sie werden entlarvt als solche, die patriarchalische Macht stabilisieren und zur Unterdrückung beitragen.

Regula Strobels eigene Position basiert dabei nicht nur auf einer theoretischen Untersuchung herrschender Kreuzestheologien. Vielmehr setzen ihre Anfragen an den Auswirkungen theologischer Aussagen auf das konkrete Leben von Frauen in ihrem Alltag und in den Gemeinden an. Sie fragt z.B. danach, wie es kommt, daß gerade von Frauen ein dienendes und fürsorgliches, sich selbst in den Hintergrund stellendes Verhalten erwartet wird. Sie stößt dabei auf theologische Argumentationsstrukturen, die ein solches Verhalten bedingen, und zieht aus ihrer Analyse die Konsequenz, im Zusammenhang von Kreuz nicht mehr von Erlösung zu sprechen.

„Können wir eine Gewalttat an einem Unschuldigen – was die Ermordung Jesu am Kreuz ist – überhaupt als Erlösungshandeln interpretieren, ohne in einen der beiden Abgründe zu stürzen: entweder in die *Nekrophilie*, die dieses Mordinstrument in das Zentrum christlichen Glaubens stellt, den Gekreuzigten anbetet und seinen Tod als Überhöhung seines Lebens zum alleinigen Symbol unseres Heils, unserer Erlösung macht, oder aber in die *Verharmlosung*, die diese Gewalt beschönigt, abschwächt im Sinn: der Wille Gottes sei unergründlich, Gott schreibe auch auf krummen Wegen gerade, Jesus habe sein Kreuz freiwillig und geduldig auf sich genommen.

Ich denke, daß wir, solange das Kreuz Zentrum unseres Glaubens und unserer Erlösungsvorstellungen ist, immer Gefahr laufen, Gewalttaten und Staatsmorden an Unschuldigen doch noch eine positive Seite abzuringen versuchen. Dadurch entziehen wir aber diese Gewalt, diesen Machtmißbrauch von Herrschenden der nötigen radikalen Kritik und betrachten sie vom sogenannten ‚Guten‘ her, das sie bewirkt oder ausgelöst haben.

Feministische Theologinnen distanzieren sich vom Gottes- und Menschenbild, das den Kreuzestheologien zu Grunde liegt. Sie wollen das Kreuz und damit verbundene Erlösungsvorstellungen von Opfer, Gehorsam, Hingabe, Leiden nicht mehr zusammendenken, weil dies keine Erfahrungen sind, die Frauen, denen es um Befreiung aus Fremdbestimmung und Abhängigkeit geht, mit Erlösung verbinden können. Zu lange haben sie diese Erfahrungen selbst gemacht, aber nichts von ihrer behaupteten erlösenden und befreienden Wirkung gespürt."

Regula Strobel, Feministische Kritik an traditionellen Kreuzestheologien, in: Vom Verlangen nach Heilwerden. Christologie in feministisch-theologischer Sicht, Doris Strahm; Regula Strobel (Hg.), Fribourg–Luzern 1991, 59–60.

Im Anschluß an diese Ausführungen ist zu fragen, ob es überhaupt sinnvoll sein kann, sich weiterhin mit Kreuzestheologie auseinanderzusetzen. Kann es eine Rede vom Kreuz geben, die nicht weiter zur Legitimierung von Gewalt beiträgt? Schwingt nicht in jeder aktualisierenden Aufnahme des Kreuzes, die über das historische Faktum des Todes Jesu hinausgeht, die traditionelle Deutung mit, die es mit Erlösung und Heil verbindet? Gibt es einen Zwischenweg, der nicht entweder in Nekrophilie oder Verharmlosung endet? Können wir überhaupt noch auf das Kreuz zur Formulierung christlicher Identität zurückgreifen, oder geben wir damit zwangsläufig einem Foltertod einen Sinn, den er nicht hatte? Andererseits ist zu fragen, ob der Verweis allein auf den grausamen Tod Jesu am Kreuz Menschen erreichen kann, die in den gegenwärtigen kirchlichen Traditionen leben und für sich existentielle Bezüge zum Kreuz herstellen. Eine Verkündigung des Kreuzes, die sich ausschließlich auf dessen politische Dimension bezieht und seine Bedeutung für das Leben der einzelnen und ihren Glauben verneint, steht dann in der Gefahr, bei einem ethischen Appell stehenzubleiben: Sieh' dir dieses grausame Leiden an und handle! Ist diesem Dilemma zu entgehen? Gibt es die Möglichkeit einer Rede vom Kreuz, die politische und individuelle Dimensionen des Glaubens umfaßt?

Ein Blick in den christlich-theologischen und kirchlichen Alltag zeigt, daß das Thema Kreuz fast überall präsent ist: in Liedern, Predigten, in der theologischen Ausbildung, in Religionsbüchern und in der öffentlichen Darstellung von Kirche. Diese Allgegenwart hat eine Wirkmächtigkeit, der mit einer konstruktiven Kritik an Kreuzestheologie begegnet werden muß. Das Gespräch über die Bedeutung des Kreuzes muß auf allen Ebenen kirchlichen und theologischen Handelns inhaltlich geführt werden. Deshalb erscheint es mir notwendig, daß sich auch kritische feministische Theologinnen weiterhin an der Definition von Kreuzestheologie beteiligen, die konkrete Realität des Kreuzes in unserer Gegenwart in die Diskussion eintragen und von den Erfahrungen sprechen, die Menschen in ihrem Alltag machen. Daneben ist es aus einer befreiungstheologischen Perspektive heraus notwendig, auch von unserem Beteiligtsein an den Kreuzen in anderen Teilen der Welt zu sprechen: durch Kolonialisierung und deren aktuelle Form, den Neoliberalismus, durch Rüstungsexporte und Verschwendung von Ressourcen auf Kosten der verarmten und nach wie vor ausgebeuteten Länder dieser Welt. In diesen Zusammenhängen ist die Rede vom Kreuz wichtig. Sie muß vehement eingebracht werden gegen jegliche Form der dogmatischen Verharmlosung von Kreuzestheologie, die darin lediglich individuell moralische Fragen zur Sprache bringt.

Weiter ist es notwendig, die Begriffe, die im Zentrum dieser Form von Kreuzestheologie stehen, von ihrem dogmatischen Kostüm zu befreien und konkret zu fragen: Was heißt ➜ Erlösung? Warum hat zum Beispiel Paulus in seinen Ausführungen Erlösung mit Kreuz in Verbindung gebracht? Verstehen wir seine Gedanken überhaupt noch? Dazu ist einerseits historische Arbeit hilfreich (➜ Schottroff), aber auch eine kritische Betrachtung der Inhalte, die damit traditionell verbunden werden. Damit einhergehen muß eine strikte Ablehnung von Heilsvorstellungen, die auf Aufopferung und Leiden basieren: Leiden an sich hat keinen erlösenden Wert. Diese Aussage darf nicht in dem Sinne mißverstanden werden, daß Theologie ein Ideal der Leidensfreiheit anstrebt. Es kann nicht darum gehen, sich in eine leidfreie Eigenwelt zurückzuziehen. Wer für Gerechtigkeit arbeitet und die Ursachen von Ungerechtigkeit benennt, erfährt häufig auch selbst Einschränkungen, Ablehnung und Gewalt. Das Gefühl von Ohnmacht angesichts institutionalisierten Unrechts, Mißgunst anderer und Benachteiligungen sind reale Erfahrungen vieler engagierter Frauen und Männer, allerdings auch das Wissen um die eigene Mittäterschaft. Der theologische Begriff der ➜ Sünde umfaßt diesen Zusammenhang und versucht ihn im Blick auf Gottes Handeln in der Welt zu deuten. Mit der Rede von der ➜ Auferstehung und der Vergebung der Sünden wird der Erfahrung Ausdruck gegeben, daß diese Strukturen durchbrochen werden können. Doch sind Auferstehung und Vergebung nicht durch Leiden begründet, auch nicht durch Jesu Leiden am Kreuz, sondern durch Gottes Handeln im Leben der Menschen und durch deren Einsatz für gerechte Verhältnisse. Die Rede vom Kreuz darf nicht weiter mit dazu beitragen, daß Gewalt im Namen christlichen Glaubens verharmlost und damit gerechtfertigt wird.

Kreuz und christliche Identität

Schwieriger als die politische Dimension ist die Frage nach der Bedeutung des Kreuzes für das eigene Leben zu klären. Welche Erfahrungen verbinde ich mit dem Kreuz? Spielt es noch eine Rolle für die Formulierung meines eigenen Glaubens und meiner Vorstellung von Erlösung? Verschiedene Neuansätze zur Kreuzestheologie versuchen, den Blick nicht nur auf den Tod Jesu und ein mögliches Heilsgeschehen am Kreuz zu richten, sondern die Verbindung von Jesu Leben und seinen Einsatz für Gerechtigkeit mit dem Kreuz zusammenzudenken. *Regula Strobel* schreibt: „Für mich ist das Kreuz Jesu weder das Wesentliche noch das Zentrum, noch der Grund meines christlichen Glaubens … Jesu Art und Weise zu leben wird für mich zur Befreiung, zur Erlösung, weil ich durch andere, die sich von seinem und anderer Menschen Engagement anstiften/inspirieren ließen, stückweise erfahren habe, was geschenkte Befreiung, gewährtes Verzeihen von Schuld, Einstehen dafür, daß mir Gerechtigkeit widerfährt, bedeutet." (1991, 189)

Eine Orientierung am Leben Jesu heißt für die Rede vom Kreuz: Es geht nicht um ein Erlösungsgeschehen, das sich im Rahmen einer göttlichen Trinität abspielt, in der der Sohn freiwillig oder von seinem Vater geopfert in den Tod geht. Es geht auch nicht um die Ableistung einer Sühne für unsere individuellen, moralisch gedeuteten Sünden. Jesu Leben und seine Botschaft vom anbrechenden Reich Gottes sind von den Menschen um ihn herum als erlösend wahrgenommen worden. Sein Tod am Kreuz war ein Gewaltakt der Mächtigen, der sein Leben zerstört hat. Erst nachträglich deuteten die Menschen, die sich in Jesu Nachfolge stellten, seinen Tod und das Kreuz theologisch und brachten es mit ihrer Befreiung in Verbindung. Sie gaben damit ihrer Erfahrung Ausdruck, daß Arbeit für Gerechtigkeit und Leben mit Gewalt und Tod von seiten der Mächtigen beantwortet wird. Sie bekennen damit aber auch, daß deren Macht begrenzt ist, und stellen ihr das Kreuz als Widerstandssymbol entgegen.

Können wir dann nicht ganz auf das Kreuz verzichten? Wäre es angesichts seiner Wirkungsgeschichte nicht sinnvoller, es durch andere Symbole zu ersetzen, die es eindeutiger vermögen, den Einsatz für das Leben zum Ausdruck zu bringen? *Luise Schottroff* verneint diese Frage und verweist auf die Traditionen, die sich für sie mit dem Kreuz außerhalb seiner Mißbrauchsgeschichte verbinden: „Solange ich Kreuzestheologie feministisch nur kritisiere und für mich erledigt erkläre, bestätige ich implizit die Definitionsmacht der Herrschaftskirche und ihrer Traditionen. Ohne Re-Vision gebe ich denen die Herrschaft über Kreuzestheologie, die sie als Unterdrückungsinstrument mißbrauchen. Und ich bleibe gegenüber dem Leiden um mich herum, den Kreuzen und Kriegen sprachlos; ich beraube meinen Glauben um die Erinnerung an die Toten, nach der meine Seele hungert." (1992, 217) Mit diesen Worten erinnert sie daran, daß das Kreuz nicht nur Instrument von Macht und Unterdrückung gewesen ist, sondern Menschen sprachfähig gemacht hat, das Leiden und die Gewalt, der sie ausgesetzt sind, zu benennen. Eine Erinnerung an die Toten heißt auch, sich mit dem Tod auseinanderzusetzen und im Namen dieser Erinnerung den Einspruch gegen die Zerstörung von Leben immer wieder neu laut werden zu lassen.

Vor allem aus der lateinamerikanischen Befreiungstheologie haben feministische Theologinnen gelernt, daß das Kreuz nicht nur eine individuelle Kategorie ist. Für viele Menschen in ihrem Kampf gegen die Armut, für Land und Gerechtigkeit ist es Realität. Es steht für die Konflikte, die sie austragen, und symbolisiert Gottes Option für die Armen. Kreuze weisen auf eine Analyse der Gegenwart und stehen zugleich für die Überwindung des Todes und seiner todbringenden Strukturen. Als Widerstandssymbol weist das Kreuz auf die Quelle der Kraft, auf Gott, die/der dazu ermutigt, den Weg der Gerechtigkeit weiterzugehen. Die Lebendigkeit lateinamerikanischer Kreuzestheologie fasziniert viele europäische ChristInnen. In der Praxis zeigt es sich aber, daß es nicht uneingeschränkt möglich ist, diese befreiungstheologischen Traditionen in unseren gesellschaftlichen Kontext zu übertragen, in dem das Kreuz in erster Linie zu einem individuellen Symbol geworden ist. *Dorothee Sölle* verweist kritisch darauf, daß wir die prophetische Kritik, die in der Rede vom Kreuz steckt, kaum mehr zu hören vermögen:

„Unsere Kultur lädt uns ein, das Kreuz nicht zu sehen. Wir sollen in Apartheid leben, uns an schönen Stränden, Moden und Rezepten erfreuen – das lese ich aus den für Frauen gemachten Illustrierten heraus. Das Kreuz wird dann zu einem rein religiösen Symbol im kirchlichen Bereich verniedlicht … Das Kreuz ist aber nicht ‚etwas Religiöses‘, es ist furchtbare blutige Realität. Es steht bei dem kleinen Mädchen, das von seinem Vater sexuell mißbraucht wird und jahrelang im Schweigen der Verleugnung lebt. Das Kreuz bedeutet die erbarmungslose Gewalt, die Menschen über Menschen ausüben, Starke über Schwache, Reiche über Arme, Gewandte über Ungeschickte, Männer über Frauen, Frauen über Kinder, Pflegerinnen über Kranke, Mächtige über Machtlose … (17) Wir sind nicht krank am Kreuz, sondern wir sind frei, das Kreuz zu vermeiden in der Apartheid der Mittelklasse oder es auf uns zu nehmen mit allen Schwierigkeiten, in die wir kommen, wenn wir uns ernsthaft engagieren." (19)
Dorothee Sölle, Was ist das Kreuz?, in: Das Kreuz: Baum des Lebens, Luise Schottroff; Bärbel von Wartenberg-Potter; Dorothee Sölle, Stuttgart 1987, 15–20.

Dorothee Sölle plädiert im weiteren für einen aktiven Einsatz im Namen des Kreuzes: „Das Leben wählen, heißt, das Kreuz zu umarmen. Es heißt, das Kreuz, die Schwierigkeiten, die Erfolglosigkeiten, die Angst allein dazustehen, in Kauf zu nehmen ... in den Widerstand hineinzuwachsen." (1987, 20) Dieser Appell an das eigene Handeln, der im Kreuz als Beschreibung von brutaler Realität steckt, wird in ihren Ausführungen sehr deutlich. Auch die Kritik an dem Individualismus, der häufig mit Kreuzestheologie einhergeht, ist ernst zu nehmen und immer wieder neu zu betonen. Diese Rede vom Kreuz ist an alle die – an uns –, zu richten, die wir es vermeiden, die Kreuze in der Gegenwart zur Kenntnis zu nehmen und für Veränderungen zu sorgen. Hier ist prophetische Kritik not-wendig. Kritisch ist allerdings zu fragen, wer hier angesprochen ist und ob ein solcher Appell tatsächlich zum Handeln ermutigen kann. Entsteht nicht letztlich das Bild einer heroischen Persönlichkeit, die kompromißlos Widerstand leistet, an der sich kaum jemand messen kann? Dies ist sicher von Dorothee Sölle so nicht gemeint. Dennoch stoßen ethische Appelle in diesem Zusammenhang schnell an ihre Grenzen. Woran das liegt, kann nur vermutet werden – einmal sicher an der eigenen Unbeweglichkeit, daneben mag es aber auch den Grund geben, daß niemand gänzlich außerhalb von dem steht, was das Kreuz in unserem Alltag bedeutet. Ich möchte fragen, ob wir nicht doch auch in mancher Beziehung „krank am Kreuz" sind. In Deutschland lebt die Mehrzahl der Menschen im Gegensatz zum überwiegenden Teil der Weltbevölkerung in einer privilegierten Situation. Sicher führen viele Menschen ein Leben, in dem sie dem Unrecht, das anderen geschieht, nicht ins Auge sehen wollen (➔ Joswig), in dem sie „das Kreuz vermeiden". Das soll in diesem Zusammenhang nicht vergessen werden. Aber darf deshalb nur das Leiden anderer benannt oder darf auch die eigene Situation mit dem Kreuz in Verbindung gebracht werden? Wo beginnt hier die Verharmlosung und Entpolitisierung? Strukturelles Leiden hat immer auch eine individuelle Seite – Leiden an Körper und Seele. Wie kann diese zum Ausdruck gebracht werden, ohne sich nur als Opfer zu verstehen? Kann hier das Kreuz Hilfestellungen bieten – vermag es die verschiedenen Dimensionen unserer Lebenswirklichkeit zu erfassen? Im Blick auf eine feministische Kreuzestheologie fragt *Herlinde Pissarek-Hudelist* danach, wie auch in existentiell schwierigen Situationen, angesichts von Tod und Leiden die Rede von Gott und seiner Nähe tragfähig bleiben kann:

„Die Frage nach dem Leid umschloß die Frage nach dem *Kreuz* ... Sie beschäftigt mich existentiell derzeit am meisten – aus privaten Gründen: hohes Alter, Todesnähe und schwere Krankheit in meiner engsten Familie. Hier stelle ich umgekehrt an einige Vertreterinnen feministischer Theologie die Frage: Gibt es ein Symbol, das so sehr wie das Kreuz – trotz seines möglichen und tatsächlichen Mißbrauchs – der Leidenserfahrung von Jahrhunderten entspricht?
Es gibt ja nicht nur Leid aufgrund struktureller Sünden anderer, es gibt auch das individuell erfahrene Verhängnis, die Widerfahrnis, das Nicht-aus-noch-ein-Können, das Mit-dem-Rücken-zur-Wand-Stehen, das gleichsam Angenagelt-Sein angesichts tödlicher Gefahr. Die feministische Theologie reagiert mit all ihrer Wärme, Lebens-Liebe, Lebendigkeit und Befreiung sicher auch legitim auf eine überzogene Kreuzestheologie und Sündentheologie (katholisch *auch*: Opfertheologie). Bietet sie ein Symbol, eine Kraftquelle auch für Ausweglosigkeit und Scheitern? ...
Der Tod ist nämlich nicht nur die Kehrseite des Lebens, sondern er bedeutet *auch* bleibende Dunkelheit, Nichteinsollen, unerbittliche Härte. Ich gestehe also freimütig, daß ich bisher in der feministischen Theologie noch nichts gefunden habe, was dem schweigenden Ineinander von Tod und Auferstehung, von Sterbenmüssen und Getröstetwerden, von geschichtlicher Erinnerung an das Kreuz und erlittener Gegenwart entspricht, wie sie die katholische Auffassung von Eucharistie und Eucharistiefeier erschließt. Dies betrachte ich nicht als einen Vorwurf an feministische Theologie, sondern als eine Aufforderung an mich, weiterzugehen und weiter zu kämpfen, fragend, ob eine redliche, bis in die Tiefen der Existenz reichende Zusammenschau beider Positionen möglich sein wird."
Herlinde Pissarek Hudelist, Männer müssen abgeben, Frauen sich behaupten, in: Streitfall feministische Theologie, Britta Hübener; Hartmut Meesmann (Hg.), Düsseldorf 1993, S.176–177.

Erfahrungen der Verlassenheit, in der Gemeinschaft und heilendes Handeln an ihre Grenzen gestoßen sind, die Konfrontation mit sich selbst, die Angst, das Wissen um den nahen Tod, Alleinsein – diese Erfahrung hat nicht nur Jesus am Kreuz gemacht. Die Anfragen von Herlinde Pissarek-Hudelist an eine Feministische Theologie, die vor allem politisches Engagement und Aktivität betont, lassen nachdenklich werden. Wie können wir Erfahrungen des Scheiterns, der Gewalt, der Unzulänglichkeit zulassen, welchen Raum nehmen sie in unserer Theologie ein? Bietet hier das Kreuz Ausdrucksmöglichkeiten, auch angesichts von Tod und Krisen, die uns selbst betreffen, sprachfähig zu werden? Oder bleibt in diesen Situationen nur der Rückgriff auf traditionelle Formen des Glaubens?
Diesen Fragen wollen wir uns in den folgenden Kapiteln stellen. Bei aller Unterschiedlichkeit in der Herangehensweise und trotz zum Teil auch kontroverser theologischer Anschauungen ist allen Artikeln gemeinsam, daß sie die kritische Auseinandersetzung mit Kreuzestheologien konstruktiv weiterführen wollen.

Literatur

Oswald Bayer, Art. Kreuz IX. Dogmatisch, in: TRE Bd. XIX, Berlin-New York 1990, 774–779.

Ingolf Dalferth, Das Wort vom Kreuz in der offenen Gesellschaft, in: Kerygma und Dogma 39 (1993) 123–148.

Friedel Kriechbaum, Ermutigung zum Widerspruch. Christliche Tradition und Frauenalltag, Mainz 1998.

Herlinde Pissarek-Hudelist, Männer müssen abgeben, Frauen sich behaupten, in: Streitfall feministische Theologie, Britta Hübener; Hartmut Meesmann (Hg.), Düsseldorf 1993, 174–182.

Christine Schaumberger; Luise Schottroff, Schuld und Macht. Studien zu einer feministischen Befreiungstheologie, München 1988.

Luise Schottroff, Die Crux mit dem Kreuz. Feministische Kritik und Re-Vision der Kreuzestheologie, in: Ev. Kommentare 4 (1992) 216–218.

Dies., Kreuz, Opfer und Auferstehung Christi. Geerdete Christologie im Neuen Testament und in feministischer Spiritualität, in: Ihr aber, für wen haltet ihr mich? Auf dem Weg zu einer feministisch-befreiungstheologischen Revision von Christologie, Renate Jost; Eveline Valtink (Hg.), Gütersloh 1996, 102–123.

Dorothee Sölle, Was ist das Kreuz?, in: Das Kreuz: Baum des Lebens, Luise Schottroff; Bärbel von Wartenberg-Potter; Dorothee Sölle, Stuttgart 1987, 15–20.

Regula Strobel, Feministische Kritik an traditionellen Kreuzestheologien, in: Vom Verlangen nach Heilwerden. Christologie in feministisch-theologischer Sicht, Doris Strahm; Regula Strobel (Hg.), Fribourg–Luzern 1991, 52–80.

Dies., Das Kreuz im Kontext feministischer Theologie. Versuch einer Standortbestimmung, in: Vom Verlangen nach Heilwerden. Christologie in feministisch-theologischer Sicht, Doris Strahm; Regula Strobel (Hg.), Fribourg–Luzern 1991, 182–193.

Luise Schottroff

Immer wenn ihr dieses Brot eßt und den Becher trinkt Kreuzigung und Abendmahl

Die Kreuzigung Jesu durch die römische Armee ist ein historisch nicht anzuzweifelndes grausames Geschehen. Sie ist zugleich die Kraftquelle für die Aufbruchsbewegung seiner NachfolgerInnen gewesen. Das Abendmahl war von Anfang an der Ort, von dem der geisterfüllte Neuaufbruch ausging. Eine Abendmahlzeit mit rituellen Worten und Gesten versammelte die NachfolgerInnen als Gemeinschaft. In dieser Mahlgemeinschaft wurden die ➔ Auferstehung Jesu Christi und die Auferstehung seiner BotInnen erfahren. Kreuz und Abendmahl sind also gemeinsam zu bedenken, weil die Kreuzigung Jesu mißverstanden wird, solange sie getrennt von ihren Auswirkungen auf die Nachfolgegemeinschaft angesehen wird. Im folgenden möchte ich zunächst die historischen Sachverhalte, die zum Verständnis der Kreuzigung Jesu wichtig sind, erläutern und dann in einem zweiten Teil zeigen, wie im Abendmahl das Kreuz zur Quelle von Auferstehung wurde.

Kreuzigung als römische Strafe im 1. Jahrhundert n. Chr.

An einem Freitag im Frühjahr der Jahre zwischen 26 und 36 n. Chr. wurde Jesus aus Nazaret durch römische Soldaten in Jerusalem hingerichtet. Er war 30 bis 35 Jahre alt; die Daten lassen sich nur schätzen. Jesus wurde mit den Händen und Füßen an ein hohes Holzkreuz genagelt. Das Sterben nach der Kreuzigung dauert lange und ist sehr schmerzhaft. Die Lunge kann nicht mehr richtig atmen, wenn der Körper hängt. Die Gekreuzigten sind langsam erstickt.
Für welche Vergehen wurden Männer und Frauen zur Kreuzigung verurteilt? Es waren vor allem Verbrechen mit politischer Bedeutung: Deser-

tion zum Feind, Geheimnisverrat, Anstiftung zum Aufruhr. Im Falle Jesu benennt die Inschrift am Kreuz den Hinrichtungsgrund: „Der König der Juden" (Mk 15,26). Aus der Perspektive Roms war ein Mensch, der für den Messias gehalten wurde, eine politische Gefahr. Der jüdische Historiker Josephus berichtet über viele jüdische Bewegungen in der Zeit der Herrschaft Roms, die sich um einen Propheten, Vorläufer Gottes oder Messias scharten. Sie warteten auf das Reich Gottes auf der Erde und im Himmel. Sie waren in der Regel unbewaffnet und verstanden sich selbst nicht als antirömische Aufstandsbewegungen. Sie entwickelten aber die Perspektiven eines gerechten Zusammenlebens in Freiheit und wurden deshalb von Rom als politische Gefahr angesehen. Die römische Inschrift am Kreuz Jesu gehört in diesen Zusammenhang der Politik Roms jüdischen religiösen Befreiungsbewegungen gegenüber. Obwohl Jesus nicht der Anführer einer antirömischen Aufstandsbewegung war, genügte seine Hoffnung auf das nahe Reich Gottes und die Bewegung der Menschen in seiner Nachfolge, um die Kreuzigung für Roms Kalkül notwendig erscheinen zu lassen.

In der christlichen Geschichtsschreibung findet sich die These, die Kreuzigung Jesu sei ein Mißverständnis des Wirkens Jesu als eines politischen Handelns gewesen. Doch diese These verkennt die öffentlichen Auswirkungen der Reich-Gottes-Erwartung Jesu. Die Kreuzigung Jesu gehört vielmehr in die jüdische Widerstandsgeschichte des 1. Jahrhunderts. Zu ihr gehören auch die Massenkreuzigungen, von denen der jüdische Historiker Josephus berichtet: „Die Soldaten aber trieben voller Wut und Haß ihren Spott mit den Gefangenen, indem sie jeden in einer anderen Stellung ans Kreuz nagelten, und bald fehlte es an Platz für die Kreuze und an Kreuzen für die Leiber, so viele waren es." (Der jüdische Krieg 5,451) Die Strafe der Kreuzigung wurde also von den Repräsentanten der Herrschaft Roms sehr bewußt zur Unterdrückung politischer Unruhen und Gefahren eingesetzt. Sie galt als eine der brutalsten Tötungsweisen. In den Katalogen der Todesstrafen von römischen Rechtsquellen erscheint Kreuzigung am Ende der Aufzählungen: schlimmer als Verbrennen und Verurteilung zu den Tieren.

So öffentlich wie möglich

Die Öffentlichkeit der Hinrichtungen, möglichst mit Volksfestcharakter, lag im Interesse der römischen Herrschaft über die damals bekannte Welt. Diese Öffentlichkeit des Sterbens, sei es langsam am Kreuz, sei es in der Arena, wo die Verurteilten von wilden Tieren zerfleischt wurden, sollte abschreckende Wirkung haben, ja es sollte öffentliche Zustimmung finden. Die Zuschauer sollten der Hinrichtung und damit der staatlichen Ordnung applaudieren.

Politisch und rechtlich war der römische Statthalter Pontius Pilatus für diese Kreuzigung verantwortlich. Er war von 26–36 n. Chr. Präfekt (so sein offizieller Titel) von Judäa. 1959 wurde in Caesarea am Meer (im heutigen Israel) eine römische Inschrift mit seinem Namen gefunden. Solche eindeutigen historischen Dokumente gibt es für das Leben Jesu aus Nazaret nicht, jedoch ist die Verbindung seines Todes mit dem Namen Pontius Pilatus als historisch zuverlässig zu werten. Der römische Schriftsteller Tacitus (ca. 55–120 n. Chr.) schreibt über die Christenverfolgung in Rom zur Zeit des späteren Kaisers Nero (54–68 n. Chr.): Der Name Christianer „leitet sich von Christus ab, der unter der Regierung des Tiberius durch den Prokurator Pontius Pilatus hingerichtet worden war. Der für den Augenblick unterdrückte verhängnisvolle Aberglaube [gemeint ist das entstehende Christentum] griff von neuem um sich, nicht nur in Judäa, wo dieses Übel entstanden war, sondern auch in Rom." (Annalen 15,44,2–5) Das christliche Glaubensbekenntnis, das Apostolicum, dessen Wurzeln bis in diese Zeit zurückreichen, sagt über Jesus: „gelitten unter Pontius Pilatus". Damit soll nicht eine Datierung des Todes Jesu genannt werden, sondern der Urheber der brutalen Hinrichtung. Die rechtlichen Verhältnisse sind eindeutig. Das Recht, Todesurteile zu erlassen und zu vollstrecken, hatte nur der römische Statthalter – im Judäa dieser Zeit wie in vielen Ländern, die in irgendeiner Form unter der Herrschaft Roms standen.

Die Behauptung der Schuld „der" Juden

Das Christentum hat über Jahrhunderte behauptet, die Juden seien Gottesmörder, sie hätten Schuld an der Kreuzigung Jesu. Diese Behauptung hat dazu gedient, Pogrome gegen jüdische Menschen zu rechtfertigen. Sie ist ein wichtiger Baustein, auf dem der christliche Antijudaismus und der rassistische Antisemitismus aufgebaut haben. Belegt wurde diese tödliche Behauptung mit Aussagen des Neuen Testaments über die Beteiligung von Männern aus der jüdischen Führungsschicht an der Vorbereitung des Kreuzigungsurteils durch Pilatus. Diese Beteiligung wird historisch zutreffen. Sie sollte aber nicht mißbraucht werden, um „das Judentum" für schuldig zu erklären. Vielmehr muß nach den unterschiedlichen politischen Interessen in der jüdischen Führung gefragt werden. Es gab Menschen, die mit Rom zusammengearbeitet haben. Diese Zusammenarbeit hatte bei den herodianischen Königen andere Gründe als bei manchen Hohen Priestern. Die herodianischen Könige waren Nutznießer der Herrschaft Roms, Kollaborateure, wie die Legende vom Kindermord des Herodes in Betlehem zeigt. Im Johannesevangelium (11,48) wird ein Hoher Priester zitiert, der fürchtet, daß Jesus durch seinen Erfolg im jüdischen Volk den Römern als politische Bedrohung erscheinen könnte: „Lassen wir ihn so [weitermachen], dann werden alle an ihn glauben, und dann kommen die Römer und nehmen uns den Ort [gemeint ist wohl der Tempel] und das Volk"; eine durchaus realistische Einschätzung der Verhältnisse, die vom Opportunismus herodianischer Könige zu unterscheiden ist. Eine Schuld des Volkes am Tod Jesu – „Sein Blut komme über uns und über unsere Kinder" (Mt 27,25) – ist spätere Deutung, nachdem die christliche Urgemeinde sich vom Judentum getrennt hatte. Nun wurden viele Texte des Neuen Testaments mit der judenfeindlichen Brille gelesen. Heute wird in den christlichen Kirchen langsam die Selbstkritik gelernt und immer deutlicher gesagt, daß die Behauptung der Schuld des jüdischen Volkes am Tode Jesu blutiges Unrecht war. Endlich muß man nach der Shoah die Schuld erkennen, die das Christentum durch diese Behauptung auf sich geladen hat. Sie ist bleibendes Erbe, auch für zukünftige christliche Generationen.

Mit Tora und Todesmut

Die Tora, das Buch der Weisung Gottes, war für das jüdische Volk Richtschnur des Lebens und Quelle der Hoffnung auf Frieden für die ganze

Schöpfung. Der jüdische Widerstand hat die jüdische Geschichte über Jahrhunderte geprägt. Die Bevölkerung fühlte sich durch die von Rom auferlegten Zwänge und Lebensweisen an der Erfüllung des Willens Gottes, der Tora, gehindert. Dieser Widerstand manifestierte sich nicht nur in politischen Aktionen, sondern auch in einer religiösen widerständigen Alltagspraxis. Die Geschichte Judäas in dieser Zeit wird richtig beschrieben unter dem Titel: „Mit Tora und Todesmut" (vgl. Kuhnen 1994).

Als Dokumente der jüdischen Widerstandsgeschichte, die in der Erde des Landes gefunden wurden, sind zum Beispiel zahlreiche Kalksteingefäße zu nennen. Sie wurden von Pharisäerinnen im Haushalt benutzt, um den Reinheitsvorschriften der Tora zu entsprechen. Das Material dieser Gefäße galt, anders als Ton oder Metall, als nicht verunreinigungsfähig. Durch konsequente kultische Reinheitspraxis sollten Gottes Gegenwart und Hilfe für das Volk sichtbar werden. So wurde die Benutzung dieser Trinkgefäße zum alltäglichen und im Volk verbreiteten Ausdruck des Lebenswillens und Widerstands gegen Rom. In der Zeit des Bar-Kochba-Aufstandes (132–135 n. Chr.) sind viele Menschen in Höhlen am Rande des Toten Meeres geflohen, um der Gewalt der römischen Soldaten zu entgehen. Für das römische Militär waren diese Höhlen eine langwierige Erschwerung ihres Sieges. Auch hier fanden sich die Kalksteinbecher, sichtbare Erinnerung an die Toratreue und den freiheitsdurstigen Geist ihrer letzten Benutzerinnen und Benutzer.

Das Sühnopfer – Theologie des Martyriums

Die Geschichte des vielfältigen jüdischen Widerstands gegen Herrschaften von außen hatte religiöse Ursachen und wurde theologisch gedeutet. Eine dieser theologischen Deutungen von Martyrien ist die des Sühnopfers. Sie ist durch die spätere christliche Theologie in den Vordergrund gerückt worden und als Besonderheit des Todes Jesu verstanden worden. Doch war sie dieses gerade nicht, denn die Kreuzigung Jesu ist Teil der Leidens- und Widerstandsgeschichte des jüdischen Volkes. Die → Kreuzeschristologie gehört in die Geschichte jüdischer Martyriumstheologie. Der Tod Jesu wurde in Aufnahme jüdischer Traditionen in Ritualen und theologischen Reflexionen als Tod für die Sünde des Volkes – „für unsere

Sünden" – gedeutet oder auch als Sühnopfer und Lösegeld für das gefangene Volk (vgl. Röm 3,24f; Mk 10,45).

Durch die hebräische Bibel und die nachbiblische jüdische Tradition zieht sich diese Deutung der Geschichte Israels: Wenn der Tempel zertreten wird und das Volk nicht mehr mit seinem Gott leben kann, sondern deportiert und mißhandelt wird, dann ist das Ausdruck der Schuld vor Gott. Sonst hätten die Feinde keine Macht über das Volk. Ein Beispiel aus der hebräischen Bibel: „Warum läßt du uns, o Herr, so abirren von deinen Wegen? Verhärtest unser Herz, daß wir dich nicht fürchten? Kehre wieder, um deiner Knechte, um der Stämme willen, die dein eigen sind. Warum schreiten die Gottlosen durch deinen Tempel, zertreten unsere Feinde dein Heiligtum? Warum sind wir geworden wie solche, die du nie beherrscht hast, die nicht nach deinem Namen benannt sind?" (Jes 63,17–19) Im ersten Jahrhundert n. Chr. war die ökonomische und spirituelle Existenz des Volkes bedroht. Die Menschen deuteten ihre Angst mit den geschichtlichen Erfahrungen. Wird Gott uns verlassen, und werden die römischen Feinde das Volk in die Verbannung, in die Kriegsgefangenschaft und Vergewaltigung führen? Der Tod von Märtyrerinnen und Märtyrern, die der römischen Gewalt widersprachen, wurde zum Zeichen der Hoffnung, daß die Macht der Feinde über das Volk zu unterbrechen sei. Es gibt einen jüdisch-hellenistischen Text aus dieser Zeit (zwischen Pompejus und Vespasian), der hilfreich ist, die neutestamentliche Deutung des Todes Jesu als Befreiung des Volkes von den Sünden Gott gegenüber zu verstehen. Dort heißt es über MärtyrerInnen: „Diese um Gottes willen Geheiligten sind nun geehrt, nicht nur mit dieser [himmlischen] Ehre, sondern auch dadurch, daß um ihretwillen die Feinde über unser Volk keine Macht mehr hatten, der Tyrann bestraft und das Vaterland geläutert wurde; sie sind doch gleichsam eine Gegengabe geworden für [die durch] die Sünde [befleckte] Seele des Volkes. Durch das Blut jener Frommen und ihren zur Sühne dienenden Tod hat die göttliche Vorsehung das vorher schlimm bedrängte Israel gerettet." (4 Makk 17,20ff) Die MärtyrerInnen reinigen und heiligen die durch die Sünde befleckte Seele des Volkes durch ihren Tod. Hier werden alte Opfervorstellungen, nach denen das Blut der Opfertiere die Reinigung des Volkes bewirkt, sekundär verwendet, und mit ihrer Hilfe wird die Realität gedeutet: So ist Gott wieder mit seinem Volk vereint, und die Feinde haben keine Macht mehr über das Volk, denn es ist nicht stumm geblieben. Diese historische Erklärung des Opfermotivs in der frühchristlichen Christologie kann deutlich machen, daß heute nicht ohne weiteres eine Christologie des Opfers wiederholbar ist. Die Rede von der Notwendigkeit der Opfer dient heute der Rechtfertigung von Gewalt. In der Geschichte der jüdischen Märtyrer und Märtyrerinnen, zu denen Jesus gehört, diente sie der Ermutigung unterdrückter Menschen. Sie lernten aus ihr, das Schweigen und die Resignation vor der Gewalt zu durchbrechen.

Eine neue Sprache der Erinnerung finden

Auch heute werden genauso brutal Menschen gefoltert und umgebracht – nicht nur in Kriegen. Die Erinnerung an die Kreuzigung Jesu muß sorgfältig bedacht werden, da sie inzwischen eine lange Geschichte des Mißbrauchs hinter sich hat (➔ Wehn). Die Sprache des Mißbrauchs der christologischen Tradition schreibt Opferhaltungen und Passivität fest. Sie rechtfertigt Opfer und Gewalt als „leider" notwendig (➔ Strobel). Es ist möglich, diesen Mißbrauch zu überwinden und eine neue Sprache der Erinnerung zu finden. Diese neue Sprache der Erinnerung entsteht dort, wo heute Menschen die Kreuze um sich herum, die subtile und offene Gewalt wahrnehmen (➔ Joswig). Die neue Sprache der Erinnerung ermutigt Menschen, in die Nachfolge Jesu einzutreten, in den Widerstand gegen Gewalt und den Kampf für das Leben. Die neue Sprache der Erinnerung kann anknüpfen an die Bedeutung des Abendmahls im frühen Christentum.

Das Abendmahl: Erinnerung und Auferstehung

Der Mahlbericht im ersten Brief des Paulus an die korinthische Gemeinde (1 Kor 11,23–26) und das letzte Mahl Jesu liegen zeitlich sehr nah beieinander. Jesu Todesjahr kann ca. 33 n. Chr. angenommen werden, der Paulusbrief ist ca. 55 n. Chr. anzusetzen. Mit dem Mahlbericht des Paulus sind wir also so dicht am Leben des historischen Jesus wie sonst kaum in anderen Traditionen des Neuen Testaments. Daraus ist nicht zu folgern, daß dem Wortlaut bei Paulus mehr Autorität zukommt als den Mahlberichten der Evangelien (Mt 26,26–29; Mk 14,22–25; Lk 22,15–20). Vielmehr zeigt diese Variationsbreite, daß mündliche und schriftliche Überlieferungen auch noch gegen Ende des 1. Jahrhunderts in lebendigem Fluß waren. Das Abendmahl war schon unmittelbar nach Jesu Tod der identitätsstiftende Akt der neu entstehenden Gruppen seiner Nachfolgegemeinschaft. Der Ritus des Abendmahls ist identisch mit dem Ritus jüdischer Gemeinschaftsmahle. Entscheidend für den rituellen Charakter sind die Segensgebete über Brot und Wein, in deren Zusammenhang auch der Bezug auf Jesus Christus ausgedrückt wird.

Die kurze Erwähnung des Brotsegens bei Paulus in 1 Kor 11,24 und noch kürzer des Bechersegens in 11,25 zeigt, daß auch Paulus ganz selbstverständlich die jüdische Mahlpraxis und ihre Gebete voraussetzt. Das Segenswort über das Brot und damit über alle Nahrungsmittel der Mahlzeit hat nach der jüdischen Tradition folgenden Wortlaut: „Gepriesen seist du, Ewiger, unser Gott, König der Welt, der hervorbringt Brot aus der Erde." Entsprechend lautet der Segen über den Wein: „der du die Frucht der Rebe schaffst". Nach der Mahlzeit folgt ein Dankgebet, das bei Paulus nicht erwähnt wird, was wiederum zeigt, daß der paulinische (bzw. vorpaulinische) Text die jüdische Mahltradition als selbstverständlich voraussetzt.

In der christlichen Mahlfeier werden die traditionellen Gebete mit der Erinnerung an Jesu Tod verbunden. Die christliche Gemeinde erzählt sich am gemeinsamen Tisch, Jesus habe bei seinem letzten Abendessen seinen NachfolgerInnen Erinnerungsworte aufgetragen. Den Worten des Brotsegens habe er hinzugefügt: „Das ist mein Leib für euch, das tut zu meinem Gedächtnis." Und die Worte des Bechersegens hätte er weitergeführt: „Dieser Becher ist der neue Bund durch mein Blut. Das tut, sooft ihr trinkt, zur Erinnerung an mich." (1 Kor 11,24.25) Diese Deuteworte waren nicht im Detail festgelegt, der Ritus war veränderbar – ebenso wie auch die jüdische Mahlfeier von den Beteiligten mit neuen Akzenten und Formulierungen versehen werden konnte.

Die düstere Deutungstradition

Kritikerinnen – aber auch Kritiker – des christlichen Abendmahls haben die Konzentration dieser Tradition auf den Tod Jesu und die Sünde der

Menschen beklagt (vgl. Frauenarbeit der Evangelischen Landeskirche in Württemberg 1996; Grümbel 1997). Aus der Abendmahlserfahrung in Westeuropa im 19. und 20. Jahrhundert entstand die Angstbesetzung dieses Ritus: Habe ich etwas falsch gemacht? Bin ich unwürdig, das Mahl zu feiern (im Sinne von 1 Kor 11,27 Lutherübersetzung)? Die christliche Dogmatik predigte und predigt die Schuld: Christus ist um deinetwillen gestorben; wir sind alle SünderInnen. Bis in die körperliche Empfindung hat diese Angstbesetzung für viele Menschen das Abendmahl geprägt. Der Vorwurf wurde erhoben, daß die Vorstellung des Sühnetodes Jesu und der menschlichen ➜ Sünde Menschen passiv und ohnmächtig mache, sie zu willigen und ängstlichen BefehlsempfängerInnen erniedrige. Diese Kritik ist ernst zu nehmen, aus ihr müssen Konsequenzen gezogen werden.

Das Fest der Auferstehung

Die erste Konsequenz, die zu ziehen ist, ist der Versuch, die Tradition neu zu lesen, und zwar mit den Mitteln der Sozialgeschichte. Es genügt nicht, den Wortlaut der Texte verstehen zu wollen, wir sollten die Texte kontextualisieren. Das heißt: Wir sollten nach den Menschen, ihrer Lebenssituation, ihren Erfahrungen und Hoffnungen fragen, die in den Texten in Worte gefaßt sind. Die Erinnerung an Jesu Tod bedeutete gerade nicht die Manifestation der Sündigkeit der Menschen, sondern das Ende von Schuld, die Befreiung des ganzen Volkes. Mit diesem Tod wurde nicht eine rückwärtsgewandte Schau auf die Schuld verbunden, sondern der Jubel über das Ende der Schuld und die Freude über den Beginn des neuen Lebens in Gemeinschaft – wie es die jüdische Martyriumstheologie vorgab. Die Spuren dieses Jubels sind zu finden. Der neue Bund, sagt Jesus, beginnt jetzt (1 Kor 11,25). Der neue Bund ist dem Volk von Gott versprochen worden. Gott will die Schöpfung erneuern. Einen neuen Himmel und eine neue Erde ohne Krieg und Gewalt sahen die Menschen als göttliche Verheißung vor ihren Augen. Sie erlebten, daß es wieder Sinn hat, an der neuen Schöpfung mitzubauen. Sie feierten die ➜ Auferstehung des hingerichteten Jesus und ihr eigenes Aufstehen in der Erinnerung an Jesus. Diese Erinnerung hält die Versprechen Gottes in der Geschichte wach. Die Erinnerung ist nichts Museales, sie enthält die ganze Kraft der

Auferstehung in sich. Es ist eine Fehlinterpretation der neutestamentlichen Vergegenwärtigung des Todes Jesu, sie als Ritus des Todes und der Schuld zu deuten und nicht als Fest der Befreiung von Schuld und Erfahrung von Auferstehung. Das Abendmahl der frühchristlichen Gemeinden war ein Abendessen in Gemeinschaft, das Fest der Auferstehung Christi und des Aufstehens von Menschen. Seine Ausstrahlung war so groß, daß die Gemeinden wuchsen und gediehen. In der gemeinsamen Mahlzeit wurde erfahren, was Gemeinschaft von Menschen sein kann und welche Begeisterung für die Zukunft von ihr ausgehen kann.

Essen und Sakrament

Sowohl die sakramentale Praxis christlicher Kirchen heute als auch die Trennung von Gemeindemahlzeit und kultischem Mahl in der Alten Kirche bewirken, daß die gängige Vorstellung von Abendmahl im frühen Christentum sakramentales Essen vom „Sättigungsmahl" trennt. Nun wird heute immer mehr gesehen, daß das Abendmahl als kultischer Ritus mit einem Sättigungsmahl verbunden war, wie ja Paulus auch deutlich voraussetzt (1 Kor 11,25). Dennoch wird meist immer noch zwischen einer normalen Abendmahlzeit und dem Mahlritus getrennt, z.B. mit der Vorstellung, man habe beim Gemeinschaftsmahl, das zugleich Eucharistie war, nur Brot und Wein zu sich genommen. Vor allem jedoch ist die Kontinuität des christlichen Gemeindemahles und der jüdischen Gemeinschaftsmahltradition zu berücksichtigen. Der Brotsegen umfaßt in der jüdischen Tradition alle Lebensmittel, die auf den Tischen stehen. Je mehr im Christentum Sättigungsmahl und Eucharistie voneinander getrennt werden, desto mehr geht das Bewußtsein für die jüdischen Wurzeln des Abendmahls verloren. Die dualistische Trennung von Essen und Heiligkeit, von Alltag und Kult ist für das frühe Christentum nicht adäquat. Die Verwandlung der Körper in Tempel des Heiligen Geistes (1 Kor 6,19) bedeutet, daß gerade der Alltag, die leiblichen Beziehungen der Menschen, ihre Arbeit und ihre Mahlzeiten in die Heiligung einbezogen sind. Es war die Stärke der frühchristlichen Gemeinden, ein solches Gemeinschaftsgeschehen im Alltag miteinander zu teilen: Essen und Beten, Vereinigung mit Jesus Christus, Heiligung der Gemeinschaft durch Gott, Erfahrung der Gerechtigkeit in den Beziehungen untereinander – alles dieses fließt im Gemeinschaftsmahl der Gemeinden zusammen. Auch für eine heutige Neugestaltung des Abendmahls können von hier entscheidende Impulse ausgehen, vor allem aber für eine neue rituelle Praxis des alltäglichen Essens in Gemeinschaft mit Gebeten, die den Schöpfer loben und die Erinnerung an die Auferstehung wachhalten.

Mehr Essen beim Abendmahl –
mehr Gebet beim Essen

Die zweite Konsequenz, die aus der berechtigten Kritik an der düsteren christlichen Mahlfeier zu ziehen ist, ist die Veränderung des Abendmahls und der Tisch„sitten" christlicher Menschen heute. Beides hat miteinander zu tun. Wenn wir den Kult und das Essen trennen, dann ist es plausibel, Fastfood im Stehen einzunehmen und im Gottesdienst nur symbolisch Brot zu teilen (etwa gar in Gestalt von Oblaten). Wenn wir Essen als Ort der Gemeinschaft heiligen und das Abendmahl auf die Erde zurückholen, wachsen die Kräfte, Zerstörungen zu heilen und Trennungen zu überwinden.

Die vielen Mahlexperimente in Kirchengemeinden, auf Tagungen, Kirchentagen und in für Gerechtigkeit engagierten Gruppen zeigen, wie sich ChristInnen heute die Mahlgemeinschaft zurückerobern. Nicht mehr düstere Feierlichkeit und vom kirchlichen Amt abhängiges Sakrament bestimmen das Mahl, sondern Interesse an der Beteiligung aller und an der Förderung von Solidarität. Diese Solidarität umfaßt die Mahlgemeinschaft und Menschen weltweit. Das Mahl braucht die Ausrichtung auf Ökumene und weltweite Gerechtigkeit. Ich habe in den letzten Jahren christliche Mahlfeiern erlebt, die mehr Sinnlichkeit, mehr Essen und Freude und mehr Beteiligung aller in das Mahl brachten. In einer dieser Mahlfeiern wurde zu Beginn der Altar von vielen Menschen als Tisch gedeckt. Eine brachte ein Hungertuch als Tischdecke und erinnerte an die Ungerechtigkeit des reichen Westens gegenüber dem armen Rest der Welt. Einer brachte Kerzenleuchter, die nächste Kerzen, und sie sprachen vom Licht Gottes, das uns fähig macht, Ungerechtigkeit zu erkennen und den Weg zur Gerechtigkeit zu finden. Andere brachten die Bibel, die ich die beste Schule der Gerechtigkeit nenne; das Kruzifix wurde auf den Tisch gestellt, Brot und Wasser. Viele waren an der Gestaltung beteiligt; die Gemeinschaft war zu spüren. Mahlfeiern wie diese sollten wir weiterentwickeln, spielerisch und ernst.

Viel schwieriger wird es sein, mehr Gebet beim Essen im Alltag zu praktizieren. Die altmodische Poesie von Gebeten wird oft von Menschen, denen sie nicht vertraut sind, nicht mehr verstanden. Doch haben viele Menschen, auch solche, denen christliche Traditionen fremd sind, das Empfinden, daß die gemeinsame Mahlzeit mit Kindern und FreundInnen mehr ist als nur Nahrungsaufnahme. Der Zusammenhang von Essen und Schöpfung, die Abhängigkeit der Menschen von der Natur ist so oft in schüchternen Worten und Gesten präsent. Die Beziehung zu Menschen, die zur Mahlgemeinschaft gehören und nicht mehr dabeisein können, habe ich schon oft empfunden, auch an den Küchentischen meiner Freundinnen. Hierfür neu Worte zu finden ist eine Aufgabe, die vor den GrenzgängerInnen liegt, die in der Mahlgemeinschaft das Transzendente gemeinsamer Mahlzeiten wahrnehmen.

Literatur

Frauenarbeit der Evangelischen Landeskirche in Württemberg, Gymnasiumstraße 36, 70174 Stuttgart (Hg.), Wir Frauen und das Herrenmahl, 1996.
Ute Grümbel, Abendmahl: „Für euch gegeben"? Erfahrungen und Ansichten von Frauen und Männern. Anfragen an Theologie und Kirche, Stuttgart 1997.
Leo Hirsch, Jüdische Glaubenswelt, Basel 1978.
Otfried Hofius, Herrenmahl und Herrenmahlsparadosis. Erwägungen zu 1 Kor 11,23b–25, in: Zeitschrift für Theologie und Kirche 85 (1988) 371–408.
Hans-Peter Kuhnen (Hg.), Mit Thora und Todesmut. Judäa im Widerstand gegen die Römer von Herodes bis Bar-Kochba, Württembergisches Landesmuseum Stuttgart 1994.
Peter Lampe, Das korinthische Herrenmahl im Schnittpunkt hellenistisch-römischer Mahlpraxis und paulinischer Theologia Crucis (1 Kor 11,17–34), in: Zeitschrift für die neutestamentliche Wissenschaft Bd. 82 (1991) 183–213.
Luise Schottroff, Lydias ungeduldige Schwestern. Feministische Sozialgeschichte des frühen Christentums, Gütersloh 1994.
Luise Schottroff, Sind die Juden schuld am Tod Jesu? Das Kreuz Christi (Mk 12,1–12), in: Antijudaismus im Neuen Testament? Grundlagen für die Arbeit mit biblischen Texten, Dagmar Henze u.a., Gütersloh 1997, 70–78.
Hermann Strack; Paul Billerbeck, Kommentar zum Neuen Testament aus Talmud und Midrasch, München 1961, Bd. IV,2; 24. Exkurs: Ein altjüdisches Gastmahl.
Eveline Valtink; Renate Jost (Hg.), Ihr aber, für wen haltet ihr mich? Auf dem Weg zu einer feministisch-befreiungstheologischen Revision von Christologie, Gütersloh 1996.

Christologie

Christologie bezeichnet die Lehre von Christus. „Christus" ist kein Eigenname, sondern die griechische Übersetzung des hebräischen Wortes „Messias" und bedeutet: der Gesalbte. In der christlichen Tradition wird Jesus von Nazaret als Messias bzw. Christus verehrt, der als historische Person im ersten Jahrhundert unserer Zeitrechnung lebte. Die Christologie beschäftigt sich historisch mit der Frage nach dem geschichtlichen Jesus, theologisch mit der Frage nach Gott und soteriologisch mit der Bedeutung, die das Kommen des Christus für uns und unser Heil hat. Bis heute prägen die Lehrstreitigkeiten, die sich ab dem zweiten Jahrhundert, als das Christentum auch theologisch Eingang in die hellenistisch geprägte Welt fand, unser Verständnis von Christologie. Sie entzündeten sich an der Frage, ob Jesus Christus Mensch oder der inkarnierte (d.h. fleischgewordene) Gott gewesen sei. Hinter dieser Diskussion stand vor allem die Frage nach der Erlösung der Menschen, die sich nun auf die Bestimmung des Wesens Jesu Christi richtete. Die Inkarnationslehre vertrat die Auffassung, daß nur aufgrund der Menschwerdung Gottes die Glaubenden über die menschliche Natur Jesu Christi in Verbindung zu Gott treten könnten, das Göttliche und das Menschliche also gleichermaßen in ihm sein müßten. Die sich um diese Frage rankenden Streitigkeiten fanden schließlich in der Formulierung des Bekenntnisses von Chalkedon (451) ihren Abschluß. Dort heißt es: „Jesus Christus ist vollkommen in der Gottheit und derselbe vollkommen in der Menschheit ... Vor den Zeiten aus dem Vater geboren der Gottheit nach, ist derselbe am Ende der Tage um unseretwillen und unseres Heils wegen aus Maria, der Jungfrau, der Gottesgebärerin, der Menschheit nach hervorgegangen. Wir bekennen ihn als einen und denselben Christus, Sohn, Eingeborenen, in zwei Naturen unvermischt, unverwandelt, ungetrennt ..." Zum Abschluß wurden alle die verworfen, die es wagen sollten, anderes zu lehren, ihnen drohten kirchenrechtliche und staatliche Strafen – war doch das Christentum seit der Konstantinischen Wende Anfang des vierten Jahrhunderts Staatsreligion. Jesus Christus mußte fortan als „wahrer Mensch und wahrer Gott", als zweite Person der göttlichen Trinität bekannt werden. Der „Christus des Glaubens" stand seitdem im Zentrum der Theologie. Erst viele Jahrhunderte später wurde die Frage nach dem historischen Jesus und dessen Bedeutung für die Christologie erneut gestellt. Eine Blütezeit für die klassische „Leben-Jesu-Forschung" war die Zeit des ausgehenden 19. Jahrhunderts, die Zeit der liberalen Theologie. Hier versuchte man durch eine historisch-kritische Rekonstruktion der Persönlichkeit und des Wirkens Jesu eine in ethischen Fragen vorbildhafte Person zu entdecken, die man den kirchlichen Dogmen entgegensetzen konnte. Albert Schweitzers 1906 erschienene Analyse dieser Jesus-Bilder zeigt deren zutiefst subjektiven Charakter: „So fand jede folgende Epoche der Theologie ihre Gedanken in Jesus, und anders konnte sie ihn nicht beleben. Und nicht nur die Epochen fanden sich in ihm wieder: Jeder einzelne schuf ihn nach seiner eigenen Persönlichkeit. Es gibt kein persönlicheres historisches Unternehmen, als ein Leben-Jesu zu schreiben." (48) Um die Leben-Jesu-Forschung in noch kleinere Scherben zerfallen zu lassen, wiesen Martin Dibelius und Rudolf Bultmann nach, daß nicht einmal in den als authentisch angenommenen Quellen der historische Jesus selbst zu finden ist. Auch in den kleinsten Einheiten spiegelten sich Gemeindebedürfnisse. Bei allen Untersuchungen stoße man nur auf die Verkündigung, auf das *Kerygma* der Urgemeinde. In dem Kommen Jesu Christi sei Gottes Wort geschichtlich geworden (Joh 1,1), aber dieses Gekommensein sei nicht als geschichtliche Tatsache mit historischen Mitteln zu erfassen. Es sei nicht in erster Linie bedeutsam, was Jesus gesagt und getan habe, sondern allein, *daß* er von Gott geschickt worden war. Die Gemeinde habe die Verkündigung Jesu aufgenommen, für sie sei er Lehrer und Prophet gewesen. Sie habe aber seine Botschaft nicht einfach wiederholt, sondern verkündigte ihn selbst als Messias (vgl. Bultmann 1984, 34ff). Seine Messianität begründete sich nicht in seiner Lehre, auch nicht darin, daß er als besondere Persönlichkeit aufgefaßt worden sei, mit besonderer Frömmigkeit oder aufgrund seines Todes am Kreuz. Er sei auch nicht als

Wundertäter verehrt worden. Die Bedeutung Jesu habe für die Urgemeinde nicht in der geschichtlichen Vergangenheit Jesu gelegen, sondern in dem, was für die Zukunft von ihm erwartet wurde: das eschatologische Heil. Das göttliche Handeln in Kreuz und Auferstehung sei deshalb als Zentrum urchristlicher Verkündigung zu verstehen.

Die Frage nach dem historischen Jesus, die in dem Entwurf Bultmanns sehr in den Hintergrund gerückt war, spielte in der Folgezeit dann wieder eine größere Rolle. Die Exegeten fragten danach, ob das Kerygma von Kreuz und Auferstehung nicht doch schon Anhaltspunkte in der vorösterlichen Verkündigung Jesu gehabt habe. Ausgelöst wurde diese neue Frage nach dem geschichtlichen Jesus durch einen Vortrag von Ernst Käsemann aus dem Jahr 1953: „Wissenschaft bewegt sich ja in Antithesen vorwärts, und Bultmann's Radikalität fordert eine Reaktion geradezu heraus. Darüberhinaus beschäftigt uns aber gegenwärtig ohne Ausnahme die Frage eines angemessenen Verständnisses von Geschichte und Geschichtlichkeit, die sich beim Theologen notwendig und exemplarisch zu dem Problem des historischen Jesus und seiner Bedeutung für den Glauben konkretisieren muß." (60) Als problematisch erwies sich dann allerdings das Kriterium, mit dem die Historizität authentischer Jesus-Tradition ermittelt werden sollte: Nur das, was sich nicht aus dem zeitgenössischen Judentum und dem Urchristentum ableiten ließe, könne Jesus zugeschrieben werden. Neben der Herauslösung Jesu aus dem Judentum und den antijudaistischen Implikationen eines solchen Vorgehens zeigte sich auch die Unterscheidung zwischen historischem Jesus und kerygmatischem Christus als nicht weiterführend. Neuere sozialgeschichtliche Forschungen verstehen die neutestamentliche Christologie innerhalb der Tradition des Judentums und der Geschichte der Gemeinden angesiedelt. Sie sehen keine qualitativen Unterschiede zwischen der Jesus-Bewegung zur Lebenszeit Jesu und den nachösterlichen Gemeinden und ihrer Verkündigung und zeigen, wie sehr neutestamentliche christologische Vorstellungen in der jüdischen Tradition verwurzelt sind und sich auf diese beziehen.

Jesus war nicht der einzige, der Christus genannt worden ist, d. h. als Messias des jüdischen Volkes angesehen wurde. Vor, zeitgleich mit und nach ihm gab es eine Reihe weiterer, von denen gesagt wurde, daß sie den erwarteten Messias verkörperten. Besonders bekannt wurde Bar Kochba, der 132–135 u.Z. in Jerusalem einen erneuten Aufstand gegen Rom wagte, der blutig niedergeschlagen wurde. Vielfach wird die Meinung vertreten, Jesus sei *der* Christus, der bereits im Ersten Testament angekündigt werde. Dem ist zu entgegnen, daß es nicht *die* jüdische Messiaserwartung gegeben hat. Es ist von einer Vielfalt von Erwartungen, Vorstellungen und Bildern auszugehen, die sich zum Teil sogar widersprachen und sich keinesfalls vereinheitlichen lassen. In Israel hat es auch nicht zu allen Zeiten die Vorstellung eines Messias gegeben. Im Ersten Testament finden sich nur wenige Texte, die auf eine endzeitliche messianische Gestalt hinweisen. Der Begriff Messias ist vom hebräischen Begriff *maschach,* der „salben" bedeutet, abgeleitet. Ursprünglich verwies er nur auf die Salbung von Königen und Priestern bei ihrer Amtseinsetzung. Erst später wurde der Messias zu einer Gestalt, die in Verbindung mit der erwarteten Heilszeit gesehen wurde. Er wird dann in den verschiedenen Traditionen sehr unterschiedlich beschrieben: als gesalbter davidischer Fürst, der zusammen mit einem gesalbten Priester auftritt (vgl. Sach 4,1–14), als König, der das Volk von Fremdherrschaft befreien und Gerechtigkeit schaffen wird (vgl. PsSal 17), oder als eschatologischer Richter (vgl. syr. Baruchapokalypse 39–40). Selbst in einem so überschaubaren Bereich wie dem der Schriften aus Qumran, die in einer kleinen abgeschlossenen Gemeinschaft verfaßt wurden, lassen sich vielfältige und sehr unterschiedliche messianische Vorstellungen finden.

Auch das Neue Testament bietet eine Vielzahl christologischer Bilder und Titel für Jesus. Eine bestimmte Identität des erwarteten Messias hat es auch hier nicht gegeben. Darauf weist unter anderem die Frage Johannes' des Täufers, der von Jesus gehört hatte: „Bist du der, der kommen soll, oder müssen wir auf einen anderen warten?" (Mt 11,3) Jesus verweist die JüngerInnen des Johannes auf das, „was ihr hört und seht". Er antwortet mit einer Beschreibung der Wirksamkeit seines Tuns, der Verkündigung und Heilungen – auf Zeichen des anbrechenden Reiches Gottes: „Blinde sehen wieder, und Lahme gehen; Aussätzige werden rein, und Taube hören; Tote stehen auf, und den Armen wird das Evangelium verkündet." (Mt 11,4–5) In Mk 8,27–30 parr stellt Jesus selbst die christologische Frage an seine JüngerInnen: „Für wen halten mich die Menschen? ... Ihr aber, für wen haltet ihr mich?" Die Antworten sind vielfältig: für den auferstandenen Johannes, für Elija oder einen von den Propheten. Petrus antwortet mit einem Bekenntnis: „Du bist der Messias!" Für Friedrich Wilhelm Marquardt ist der Fragecharakter der neutestamentlichen Christologie wegweisend. Dadurch, daß sie sich jeglicher Systematisierung und dogmatischen Festschreibung widersetze und in verschiedenen Varianten als offene Frage formuliert sei, werden die Fragenden auf ihr eigenes Leben, auf das Hören der Schrift und das Tun der Tora verwiesen: „Die Christusfrage ist nicht autoritativ zu beantworten, sie bedarf des eigenen Urteilens der Fragenden; sie werden aus der Mühe des Fragens und Erkennens nicht entlassen ..." (1991, 23) Die Antworten, die die Menschen gefunden haben, beschreiben das, was sie erlebt haben, mit ihnen fassen sie die Bedeutung des Messias, des anbrechenden Reiches Gottes für ihr Leben in Worte. Mit Bildern aus ihrer Tradition, aus der Hebräischen Bibel, mit Mythen und Metaphern versuchen sie ihre Hoffnungen, ihre Erfahrungen von Befreiung und Gemeinschaft auszudrücken. Für sie ist der Christus einzigartig, ihm schreiben sie universale Bedeutung zu und die Herrschaft über alle Mächte der Welt und des ganzen Kosmos, von denen sie erniedrigt und politisch beherrscht werden, durch seine Gegenwart fühlen sie sich beschützt und gestärkt. Diese Bekenntnisaussagen unterdrückter Menschen, die daraus Kraft für ihr Überleben und Ermutigung für den Widerstand gewinnen, dürfen nicht mit dogmatischen Setzungen über das Wesen Jesu Christi, mit Aussagen von der Überlegenheit über andere Völker und Religionen verwechselt und mißbraucht werden. „Es ist nicht die Sprache der Herrschaft, auch nicht die Sprache von Dogmatikern und Philosophen, es ist die Sprache des Gotteslobes, der Gottesliebe und Freude über die Nähe Gottes, die der Messias Jesus erfahrbar macht." (Schottroff 1997, 83)

Für die gegenwärtige Christologie hat dies verschiedene Konsequenzen. Auf der einen Seite können wir die Antworten, die Menschen auf die Frage: „Ihr aber, für wen haltet ihr mich?" gegeben haben, als zeitbedingt erkennen. Auf der anderen Seite sind wir in unserer Kompetenz angefragt, unsere eigenen christologischen Fragen zu stellen. Wir sind nicht gezwungen, die Antworten anderer zu wiederholen, sie als für alle Menschen und alle Zeit gültige Bekenntnisse nachzusprechen. Das betrifft auch das Bekenntnis zur Göttlichkeit Christi, der Inkarnation, das grund-

legend für altkirchliche Glaubensaussagen war (dazu vgl. Dalferth 1987).
Feministische Theologinnen kritisieren an herkömmlichen dogmatischen
christologischen Aussagen, daß sie zu einem starren System geworden
seien, das vielfach zur Ausgrenzung und Unterdrückung von Frauen sowie
nichtchristlicher Menschen und Religionen mißbraucht worden sei. Der
Frage- und Antwortcharakter christologischer Bekenntnisse sei hier nicht
mehr sichtbar. Traditionell werde ein Christus verkündigt, dessen Männ-
lichkeit bis heute zum Ausschluß von Frauen aus öffentlichen Ämtern
benutzt werde, ein Christus, der exklusiv als „einsamer Held" Erlösung
bewirke, dessen Kreuzestod verherrlicht werde und eine ausschließliche
Verehrung fordere, die letztlich fundamentalistische und totalitäre Züge
trage (zur feministischen Diskussion vgl. Strahm/Strobel 1991; Jost/Val-
tink 1996). Ausgehend von einem Verständnis von → Erlösung und →
Auferstehung, das den Prozeßcharakter und die Beziehungsqualitäten
dieser Begriffe deutlich macht, formulieren feministische Theologinnen auch für die Christologie grundlegende Überlegungen zu einer Re-
Vision dessen, was christlichen Glauben ausmacht. Die Antworten darauf
sind vielfältig und zum Teil kontrovers, sie bewegen sich zwischen dem
Versuch, traditionelle Aussagen mit neuen Inhalten zu füllen (vgl. z.B.
Kuhlmann 1996; Sölle 1996), und einem tiefverwurzelten Mißtrauen gegenüber jeglicher kirchlichen und theologischen Tradition, die zu Herrschaftszwecken mißbraucht wurde. Gemeinsam ist ihnen jedoch das
Bewußtsein für die Notwendigkeit von Vielfalt, die in der jeweiligen
Kontextualität begründet ist, die Verbindung von Bekenntnis und einer
daraus resultierenden Praxis der Gerechtigkeit und die Geschichtlichkeit,
die göttliche Offenbarung für prinzipiell unabgeschlossen und für jeden
Menschen erfahrbar hält. Carter Heyward entwirft eine Rede von Christus, die nicht allein auf den historischen Jesus von Nazaret beschränkt
ist: „Was oder wer für uns ‚Christusbedeutung' haben kann, wird sich zeigen an den zeitgenössischen Scheidewegen des religiösen/spirituellen Plu-
ralismus, der globalen Bewegungen zur Befreiung von Unterdrückung,
des feministischen Engagements für Gerechtigkeit, für Frauen, für alle,
die unter Ungerechtigkeit leiden, und im Einsatz für eine gesunde und
respektvolle Beziehung zur Erde und ihren unterschiedlichen Kreaturen …
Wir erfahren ‚Christus' am intensivsten in unseren konkreten (sinnlichen

46

und erotischen) Beziehungen zueinander, zu anderen Kreaturen und zur Erde." (1996, 40) Eine solche Christologie lebt von der Offenheit für Veränderungen und den Anfragen, die eine christliche Praxis der Gerechtigkeit in den verschiedenen Kontexten aufwirft. Sie bedeutet keine Beliebigkeit, sondern versucht Offenheit gegenüber den jeweiligen Bedürfnissen, dem jeweils spezifisch geäußerten „Verlangen nach Heilwerden" zu entwickeln. „Antworten ohne Fragen erbringen Orthodoxie, – Fragen mit offenen Antworten helfen glauben, lieben und hoffen." (Marquardt 1991, 32)

Literatur

Rudolf Bultmann, Theologie des Neuen Testaments, 9. Aufl. durchges. u. erg. v. Otto Merk, Tübingen 1984.

Henry Chadwick, Die Kirche in der antiken Welt, Berlin–New York 1972.

Ingolf U. Dalferth, Der Mythos vom inkarnierten Gott und das Thema der Christologie, in: ZThK 84 (1987) 320–344.

Carter Heyward, Eine feministische Befreiungschristologie jenseits des „Jesus der Geschichte" und des „Christus des Glaubens". Eine methodische Untersuchung, in: Renate Jost; Eveline Valtink (Hg.), Gütersloh 1996, 29–41.

Renate Jost; Eveline Valtink (Hg.), Ihr aber, für wen haltet ihr mich? Auf dem Weg zu einer feministisch-befreiungstheologischen Revision von Christologie, Gütersloh 1996.

Ernst Käsemann, Das Problem des historischen Jesus (1954), in: Exegetische Versuche und Besinnungen: Auswahl, Ernst Käsemann, Göttingen 1986, 49–85.

Helga Kuhlmann, Solus Christus? Zur feministischen Kritik am christologischen Exklusivitätsanspruch, in: Renate Jost; Eveline Valtink (Hg.), Gütersloh 1996, 42–63.

Friedrich-Wilhelm Marquardt, Eine Christologie, Bd. 2: Das christliche Bekenntnis zu Jesus, dem Juden, München 1991.

Luise Schottroff, Ist allein in Christus Heil? Das Bekenntnis zu Christus und die Erlösung (Kol 1,15–20), in: Antijudaismus im Neuen Testament? Grundlagen für die Arbeit mit biblischen Texten, Dagmar Henze u.a., Gütersloh 1997, 79–89.

Albert Schweitzer, Geschichte der Leben-Jesu-Forschung, 9. Aufl. Nachdruck der 7. Aufl. Tübingen 1984.

Dorothee Sölle, Der Erstgeborene aus dem Tod. Dekonstruktion und Rekonstruktion von Christologie, in: Renate Jost; Eveline Valtink (Hg.), Gütersloh 1996, 64–77.

Doris Strahm; Regula Strobel (Hg.), Vom Verlangen nach Heilwerden. Christologie in feministisch-theologischer Sicht, Fribourg–Luzern 1991.

Claudia Janssen

Beate Wehn

Gewalt im Kontext Notwendige Erinnerungen
an Kreuze in Gegenwart und Geschichte

Alltägliche Realität:
Gewalt gegen Frauen und Mädchen

Frauen sind überall auf der Welt unabhängig von Alter, sozialem Status, Hautfarbe und Religion von gewalttätigen (sexuellen) Übergriffen auf ihren Körper, ihre Seele und ihr Leben bedroht. *(Sexuelle) Gewalt* wird ausgeübt mit Worten, Blicken und Gesten: „Gewalt gegen Frauen und Mädchen liegt dann vor, wenn diese von einer Person (in der Regel von einem Mann) gegen ihren Willen zur Befriedigung von bestimmten Bedürfnissen benutzt werden. Diese Bedürfnisse sind entweder sexueller Natur, oder es sind vor allem nichtsexuelle Bedürfnisse, die in sexualisierter Form ausgelebt werden (z.B. der Wunsch, Macht zu erleben, zu erniedrigen, sich selbst zu bestätigen)." (EFD 1996, 8) Die Täter mißbrauchen Macht *und* Sexualität. Jede einzelne Gewalttat – für die der Täter persönlich zur Verantwortung zu ziehen ist – muß auch im Zusammenhang patriarchalischer gesellschaftlicher, kultureller, politischer und religiöser Strukturen wahrgenommen werden (vgl. Gnanadason 1993, 26f; Meyer-Wilmes 1997, 497). Das heißt, es geht hier nicht um ein „Randproblem", das von einzelnen Tätern ausgeht und ebenso nur einzelne Frauen betrifft. Vielmehr handelt es sich um ein Problem, das in den Grundstrukturen unserer Gesellschaft verankert ist.

Schon der Sprachgebrauch stellt vor die Wahl, Unrechtsverhältnisse zu stabilisieren oder zu verändern. Viele Frauen, die Gewalt erlitten haben, sprechen von sich selbst als *Überlebende,* um die tödliche Dimension der Gewalt auszudrücken und gleichzeitig der Gefahr entgegenzutreten, aufgrund ihres Opferseins in der Gewaltsituation für alle Zeiten auf die Rolle des – meist als ohnmächtig und passiv assoziierten – Opfers reduziert zu werden. Den Begriff Opfer verwende ich allerdings dort, wo die eindeuti-

48

ge Unterscheidung zwischen *Täter* und *Opfer* wichtig ist: Frauen müssen immer wieder darum kämpfen, daß ihr *Opferstatus* zum Zeitpunkt der Gewalttat anerkannt wird, daß also Verantwortung und Schuld für die Tat zweifelsfrei den *Tätern* zugewiesen wird. Hier kann auf den Begriff *Opfer* nicht verzichtet werden (zur Diskussion vgl. Eichler 1999, 124ff).

Anstelle des üblichen Begriffs *sexueller Mißbrauch*, der fälschlicherweise impliziert, es gebe auch einen legitimen *sexuellen Gebrauch* von Mädchen/ Kindern und Frauen, übernehme ich die Begriffe *sexuelle Versklavung* oder *Ausbeutung:* „Von Ausbeutung zu reden heißt, Erfahrungen zu thematisieren, wie sich jemand gegen den Willen der Betroffenen etwas aneignet [...], oder wie jemand mehr oder weniger freiwillig zur Bedürfnisbefriedigung benutzt wird, ohne eine faire Gegenleistung zu erhalten oder erreichbare Alternativen zu haben." (Strobel 1993, 8) Begriffe wie *sexuelle Ausbeutung* und *Gewalt gegen Frauen* versuchen den Unrechtscharakter der *Tat* adäquat zu benennen. Dabei laufen sie Gefahr, den *Täter* aus dem Blickfeld zu verlieren, indem dieser ungenannt bleibt. Die Täter zu benennen heißt jedoch, Unrecht aufzudecken und die Möglichkeit zu geben, Gewalt in ihrer strukturellen Dimension zu erkennen (etwa im Kontext der Familie).

Die Täter sexueller Gewalt kommen in den meisten Fällen aus dem sozialen Nahraum von Mädchen und Frauen: Sie sind Väter, Ehemänner, Brüder, Onkel, Freunde, Bekannte, Lehrer, Pfarrer ... Damit werden Menschen und Orte, von denen erwartet wird, daß sie Sicherheit bieten, zur permanenten Bedrohung für Körper und Seele. Gerade diese Gewalt im Kontext familiärer oder freundschaftlicher Beziehungen und Abhängigkeitsverhältnisse kann oft nur schwer als solche benannt werden. Das „unglaubliche" Handeln der Täter, die in anderen Situationen als liebevoll und fürsorgend erlebt werden, verunsichert in extremer Weise die eigene Wahrnehmung: „Mein Vater/Mann liebt mich doch, da kann doch nicht gewalttätig sein, was er tut?" Täter machen sich die von ihnen verursachten inneren Konflikte der Überlebenden bewußt zunutze, indem z. B. die sexuell ausgebeutete Tochter als „Papis Lieblingskind" bezeichnet wird, das als einziges mit dem geliebten Vater ein „Geheimnis" teilt. Damit erreichen Täter zweierlei: Zum einen verwischen sie die klaren Grenzen zwischen liebevoller Zuwendung und sexueller Ausbeutung.

Zum anderen isolieren sie die Überlebenden durch das mehr oder weniger deutlich ausgesprochene Verbot, über die Übergriffe zu reden, innerlich von ihren nächsten Bezugspersonen. Der psychische Druck, den Täter aus dem sozialen Umfeld auf Mädchen und Frauen auszuüben in der Lage sind – nicht zuletzt deshalb, weil häufig ein emotionales und/oder ökonomisches Abhängigkeitsverhältnis besteht –, ist nicht zu unterschätzen. Überlebende schweigen oft so lange über das, was ihnen angetan wird, um andere nahestehende Menschen – etwa die Mutter oder Geschwister – zu schützen und den Lebensort „Familie" zu erhalten.

Religiöse Traditionen im Kontext von Gewalt

Viele Frauen, die sich in kirchlichen Zusammenhängen engagieren, machen die Erfahrung, daß das Bekenntnis zu Jesus Christus für ihre Zugehörigkeit zur christlichen Gemeinschaft zentral ist. Dem steht gegenüber, daß vor allem junge Frauen heute um die jahrhundertealte verhängnisvolle Wirkungsgeschichte christlicher Kreuzestheologie für weibliche Lebensentwürfe wissen: „Sie empfinden durch die Betonung seines [Jesu; BW] Vorbildcharakters oder durch die Aufforderung zur Dankbarkeit ihm gegenüber (für all das, was er für uns getan hat und worauf unser Verhalten positiv antworten soll), die Last der Überforderung und Schuldgefühle. Ein weiteres Motiv, das Frauen sehr belasten kann, ist die Betonung der Selbstaufopferung Christi am Kreuz, seine Hingabe, die als Modell für eine durchgängige Lebensgestaltung gepredigt wurde. So mancher Lebensentwurf wird unter diesem permanenten Druck gebrochen, gestört oder mit starken Schuldgefühlen belegt." (Taube u.a. 1995, 20)
Die Gefahr, daß unter dem Einfluß bestimmter religiöser Vorstellungen und Denkmuster Lebensentwürfe nachhaltig beeinträchtigt werden, muß vor allem für Mädchen und Frauen, die im Kontext christlicher Sozialisation (sexuelle) Gewalt zu überleben suchen, bedacht werden. Grundsätzlich ist davon auszugehen, daß religiöse Traditionen und gesellschaftliche Strukturen in ihrem Entstehungsprozeß und in ihrer Wirkung voneinander abhängen, d.h., religiöse Traditionen werden von den gesellschaftlichen Strukturen, in denen sie entstehen, mitbestimmt. Ebenso formen religiöse Inhalte auch die gesellschaftliche Realität – dieser Einfluß reicht

bis in die säkulare Gesellschaft. Von daher ist es notwendig, über die Wirkung traditioneller Rede vom Kreuzestod Jesu im Kontext von Gewalt gegen Frauen nachzudenken.

Der Kreuzigung Jesu kommt in der christlichen Religion eine zentrale Position zu – und damit einer Gewaltgeschichte, die im westeuropäischen Kontext der Gegenwart häufig nurmehr symbolischen Charakter hat. Die historische Realität eines Menschen, der einen qualvollen Foltertod stirbt, ist vielfach überdeckt durch theologische Deutungen, die Erlösung und Jesu Tod am Kreuz miteinander verbinden.

Möglicherweise suchen Mädchen und Frauen, die Gewalt erleiden, in der Gewaltgeschichte Jesu dennoch nach Bezügen zu ihrer Situation, nach Identifikation und Handlungsorientierung für ihr Überleben. Von daher ist die Frage zu stellen, wie sich christliche Deutungen des Sterbens Jesu auf die historische Realität dieses menschlichen Leidens beziehen: Ist die Gewaltgeschichte in ihrer individuellen und strukturellen Dimension als solche erkennbar? Werden Gewalt und Unrecht eindeutig verurteilt? Ist der Gekreuzigte als Mensch, der Qualen leidet, im Blick? Werden Perspektiven für Befreiung aus der Gewalt eröffnet?

Diesen Fragen werde ich in einem ersten Schritt nachgehen, indem ich die mögliche Wirkung einiger zentraler Aspekte christlicher Kreuzestheologie im Kontext von Gewalt herausarbeite. Daran schließt sich die Überlegung an, wie mit der Gewaltgeschichte, die die Kreuzigung Jesu darstellt, im Zentrum der christlichen Religion umgegangen werden kann. Der Blick soll dabei um den Aspekt der Gewalterfahrungen von Frauen in frühchristlicher Zeit erweitert werden.

Problematische Botschaften in der theologischen Rede vom Kreuz

Die herrschende Rede vom Kreuz wird seit Jahren von feministischen Theologinnen umfassend kritisiert (vgl. nur Schottroff/Sölle/Moltmann-Wendel 1991; Strahm/Strobel 1991), so daß auf die Diskussion aus exegetischer und systematisch-theologischer Perspektive an dieser Stelle verwiesen werden kann. In diesem Abschnitt sollen lediglich einige zentrale Aussagen, die in traditioneller Rede vom Kreuz eine Rolle spielen, skizziert und daraufhin untersucht werden, welche möglicherweise problematische Botschaft sie haben können, wenn Frauen und Mädchen, die in Gewaltverhältnissen leben, sie hören.

In traditionellen Deutungen des Kreuzestodes Jesu wird oft behauptet, Gott opfere seinen Sohn aus Liebe zur Welt und zu den Menschen. Dieser Tod sei ein Sühne- bzw. Opfertod, der notwendig geworden sei wegen der → Sünden der Menschen. Hier liegt ein Sündenverständnis zugrunde, das von der grundsätzlichen Sündhaftigkeit menschlicher Existenz ausgeht. Jesus ist in diesem Konzept das Leitbild für → erlösendes Handeln, da er sich selbst freiwillig für uns opfere, sich dahingebe, seinem Vater gehorsam sei bis in den Tod am Kreuz und einzigartig sei in seinem Leben und Sterben (→ Strobel).

Das Dilemma einer solchen christlichen Rede vom Kreuz liegt darin, daß das gewaltsame Sterben Jesu mit Gottes liebendem und erlösendem Handeln verknüpft wird, christliche Theologie aber andererseits Gewalt ausdrücklich verurteilt. Mädchen und Frauen nehmen möglicherweise diese verunsichernde Doppelbotschaft gerade dann wahr, wenn sie in ihren religiösen Traditionen nach eindeutigen Worten für ihre Gewalt- und Überlebenserfahrungen oder nach Entscheidungshilfe suchen.

Gott-Vater, Sohn und wir –
ein gefährliches Beziehungsmodell

Zunächst einmal ist die Vorstellung einer göttlichen Vater-Sohn-Beziehung problematisch, die die absolute Verfügungsgewalt des (allmächtigen) Vaters über den Sohn – das Kind – zu rechtfertigen scheint und damit auch die Möglichkeit, dieses Kind für die eigenen Interessen leiden zu lassen. Damit ist das Kind nicht als Gegenüber mit eigener Würde und einem Willen, sondern als untergeordnet gedacht. Jesus kann entsprechend als das Ideal eines solchen Kindes verstanden werden: Gehorsam, Bereitschaft zu leiden, der Verzicht auf den eigenen Lebensentwurf zeichnen ihn aus. In den Kontext sexueller Ausbeutung gesprochen, heißt das: Das Opfer erhält keine Unterstützung in dem Bemühen, zu überleben und sich aus der Gewaltsituation zu befreien. Väterliche Liebe und Leiden unter Gewalt scheinen zusammenzugehören. Wird Jesus zum Vorbild des idealen Kindes, muß abweichendes Verhalten zwangsläufig zu Schuld-

und Unvollkommenheitsgefühlen bei denen führen, die sich als Nachfolgerinnen Christi verstehen.

Sünde und Erlösung – unterdrückende Rede von Befreiung

Christliche Rede vom Kreuz leitet vom Verhalten Jesu bestimmte Verhaltensweisen ab, die erlösende Wirkung für *alle* Menschen haben sollen. Diesen stehen die ebenfalls auf *alle* Menschen bezogenen Sünden gegenüber. Dieses Sündenverständnis – das zu unterscheiden ist vom neutestamentlichen Verständnis von Sünde – kritisiert Regula Strobel zu Recht als androzentrisch, weil es Männersünden und die Erlösung von diesen thematisiere (vgl. 1991, 56), ohne die Lebensrealität von Frauen in patriarchalischen Gesellschaften zu reflektieren: „Sie wollen das Kreuz und die damit verbundenen Erlösungsvorstellungen von Opfer, Gehorsam, Hingabe, Leiden nicht mehr zusammendenken, weil dies keine Erfahrungen sind, die Frauen, denen es um Befreiung aus Fremdbestimmung und Abhängigkeit geht, mit Erlösung verbinden können. Zu lange haben sie diese Erfahrungen selbst gemacht, aber nichts von ihrer behaupteten erlösenden und befreienden Wirkung gespürt." (ebd., 60; vgl. zur Diskussion auch Schaumberger/Schottroff 1988; Krobath/Schottroff 1991) Von Überlebenden kann christliche Kreuzestheologie so verstanden werden, als sei es ihre Aufgabe, auf Dauer Opfer zu bleiben, sich mit ihrer Situation abzufinden, sie als gottgewollt zu betrachten, um gute Christinnen zu sein. Indem Opferbereitschaft, Gehorsam, Hingabe, das geduldige Ertragen von Leiden, Selbstverleugnung zugunsten anderer als erlösende Verhaltensweisen propagiert werden, könnten Überlebende zu dem Schluß kommen, jeder Versuch, sich aus der Gewaltsituation zu befreien, Grenzen zu setzen und für sich selbst zu sorgen, sei sündhaft.

In der theologischen Praxis ist es daher unabdingbar, gesellschaftliche Strukturen und Hierarchien zu analysieren und die mögliche Wirkung theologischer Inhalte in verschiedenen Zusammenhängen zu bedenken. Für eine christliche Theologie, die sich als befreiende Theologie versteht, gilt es, die an den Lebenserfahrungen von Frauen anknüpfende feministische Kritik an der Rede vom Kreuz aufzunehmen.

Opfer und Erlösung –
der Umgang mit Leiden und Gewalt

Ein weiterer Kritikpunkt betrifft den Umgang mit Gewalt und Leiden in den christlichen Deutungen des Sterbens Jesu. Indem das Leiden Jesu am Kreuz funktionalisiert wird als notwendiges oder erlösendes Leiden für uns, als Opfer, das von Gott gebracht wird bzw. das Jesus bringt, verschwinden die Verursacher und die Realität dieses Leidens aus dem Blickfeld: „Wie weit habe ich mich von der Wirklichkeit, den Schmerzen und der Verzweiflung jedes Leidens entfernt, wenn ich nach seiner Nützlichkeit frage? Sein Nutzen würde es ja bereits akzeptabel machen. Entsetzen und Klage, die Weigerung sich abzufinden, ja, ich glaube sogar die Möglichkeit zum Mitleid verstummen in den logischen Konstruktionen von Notwendigkeit und Nutzen des Opfers." (Eichler 1999, 126) Wo die Nützlichkeit von Leiden unterstellt wird, wird auch nicht mehr unterschieden zwischen vermeidbarem und unvermeidbarem Leiden: Damit bleibt die Möglichkeit, vermeidbares Leiden zu beenden, ungenutzt. Eine resignative Haltung wird gefördert. Fatal im Kontext von Gewalt gegen Mädchen und Frauen ist die Tatsache, daß Überlebende die „Nützlichkeit" ihres Aushaltens und Schweigens bestätigt bekommen: Solange das sexuell ausgebeutete Mädchen ausharrt, bleibt beispielsweise die Familie zusammen, wird der Lebensentwurf der Mutter und der Geschwister nicht zerstört. Es gehört zur Täterstrategie, solchen Druck zu erzeugen, der letztlich dazu führt, daß sexuelle Ausbeutung und andere Gewalt im sozialen Nahraum lange unausgesprochen bleiben.

Wenn christliche Rede vom Kreuz eine brutale Gewalttat aus ihrem sozialgeschichtlichen Kontext herauslöst und mit dem erlösenden Handeln Gottes bzw. Jesu in Verbindung bringt, läuft sie Gefahr, diese Gewalttat zu verharmlosen oder zu überhöhen. Das entlastet davon, Leiden überhaupt wahrzunehmen, die Mechanismen und Verursacher von Gewalt und Leiden ausfindig zu machen und für Veränderung einzutreten. Eine solche Rede vom Kreuzestod Jesu wird in den Händen derer, die in verschiedenen Kontexten Macht in Händen halten, zum gefährlichen Instrument, um von anderen – in der Regel von Frauen – Opfer zu fordern.

Ein männlicher Körper –
Gewalt gegen Frauen bleibt unsichtbar

„In der christlichen Kultur kommt gegen alle Wirklichkeitserfahrung auch diese Würde, die Würde des Opfers, in Gestalt des gekreuzigten Christus dem männlichen Körper zu. Daß die wachsende Verhöhnung, die dem weiblichen Körper z.B. in der Pornographie widerfährt, im Ausmaß ihrer Ungeheuerlichkeit kaum Beachtung findet, hat sicherlich auch damit zu tun, daß sogar noch das Paradigma für den geschundenen Körper in unserer Kultur ein männliches ist. Selbst die Würde des Opfers muß in einer solchen Kultur von Frauen erst erkämpft werden." (Eichler 1999, 128f) Von dieser Beobachtung ausgehend, wird deutlich, daß das Paradigma des männlichen Körpers den Androzentrismus der Rede vom Kreuz verstärkt: Der Blick auf diesen Körper öffnet nicht zwangsläufig die Augen für die Leidenserfahrungen von Mädchen und Frauen, die geschlagen und sexuell ausgebeutet werden. Das hängt nicht zuletzt mit der behaupteten Einzigartigkeit Jesu und der seines Leidens und Sterbens zusammen. Auf diese Weise von Welt und Menschen isoliert, verschwinden die Parallelen zu den Leidenserfahrungen anderer Menschen fast wie von selbst. Es wird quasi eine Rangfolge des Leidens aufgestellt, in der die Gewalterfahrungen von Frauen nicht in erster Linie eine Rolle spielen, obgleich gerade sie paradigmatischer Ausdruck ungerechter gesellschaftlicher Hierarchien sind.

Der androzentrische Blickwinkel christlicher Theologie wird also durch die zentrale Stellung eines leidenden männlichen Körpers verstärkt, der außerdem zum Symbol erlösenden Handelns geworden ist. In dieser Verbindung dürfte es Mädchen und Frauen, die in den Passionsgeschichten nach Identifikationsmöglichkeiten für ihre Erfahrungen mit Gewalt suchen, tendenziell schwerfallen, solche zu entdecken, wenngleich es möglich ist, wie beispielsweise die Gebete von Carola Moosbach (1997, 24 u.ö.) zeigen. Ihre Texte machen deutlich, daß vor den befreienden Neuentdeckungen, die sie in der biblischen Tradition macht, die mühsame Auseinandersetzung mit der patriarchatstützenden Wirkungsgeschichte christlicher Kreuzestheologie stand.

Kritik an Kreuzestheologie – Was kommt danach?

Die hier geäußerte Kritik bezieht sich auf traditionelle Interpretationen des Kreuzestodes Jesu, wie sie bis heute in kirchlichen und universitären Zusammenhängen gepredigt bzw. gelehrt werden. Es hat sich gezeigt, daß diese die Lebensrealität von Frauen vielfach nicht berücksichtigen. Gerade im Kontext von Gewalt gegen Frauen laufen christologische Aussagen daher Gefahr, ungerechte und gewaltförmige Strukturen zu verstärken, indem problematische Beziehungsmodelle angeboten werden oder Vorstellungen vom Umgang mit Gewalt- und Leidenssituationen unterstützt werden, die widerständiges Handeln verhindern und damit Opfer schaffen. Aus feministisch-befreiungstheologischer Perspektive sind solche Interpretationen abzulehnen.

Die *christlichen theologischen Deutungen* des Kreuzestodes Jesu zurückzuweisen ist jedoch nicht gleichbedeutend mit einer Abkehr von den *neutestamentlichen Texten* über die Kreuzigung. Eine Abkehr von den neutestamentlichen Texten hieße darauf zu verzichten, den als problematisch erkannten Deutungen des Kreuzestodes Jesu etwas entgegenzusetzen. Es würde damit bedeuten, Gewalt- und Unterdrückungserfahrungen von Frauen im Schatten dieser Theologie in Kauf zu nehmen, ja sie gar zu begünstigen. Da dies nicht das Ziel einer Feministischen Befreiungstheologie sein kann, möchte ich im folgenden den Blick auf die sozialgeschichtliche Dimension der Gewaltgeschichte Jesu und derjenigen von Frauen im frühen Christentum richten: Welche Bedeutung hatte die Erinnerung an den gekreuzigten Jesus für seine FreundInnen und NachfolgerInnen im Kontext des Römischen Reiches?

Überlegungen aus feministisch-befreiungstheologischer Perspektive

Im Neuen Testament haben wir es bereits mit Deutungen des Todes Jesu zu tun – in den Evangelien ebenso wie in den paulinischen Briefen. Schon die Passionsgeschichten der Evangelien sind Interpretationsversuche, denen es darum geht, „dem Entsetzlichen irgendwie standzuhalten ... Es beginnt eine Geschichte des Verstehens des Todes Jesu, die m.E. nur angemessen tradiert werden kann, indem jede Zeit diese Geschichte mit ihrem

Versuch des Verstehens fortsetzt." (Eichler 1999, 137) Diese Erkenntnis verpflichtet zunächst dazu, die neutestamentlichen Berichte über Jesu Tod als *kontextbezogene* Versuche des Verstehens zu betrachten. Sie negiert dabei nicht unseren Kontext, 2000 Jahre später – im Gegenteil: Unser Kontext darf und muß berücksichtigt werden, wenn es um das Verstehen und das Deuten geht. Auch dogmatische Sprachregelungen sind demnach historisch bedingte Deutungen, die nicht für alle Zeit Gültigkeit beanspruchen können. Wenn sich herausstellt, daß diese Deutungen Gefahr laufen, Gewalt und hierarchische Beziehungsmuster zu legitimieren, liegt es in der Verantwortung der AuslegerInnen, dies in ihrer Auseinandersetzung mit der Kreuzigung Jesu zu berücksichtigen.

Bevor ich zu einigen Beobachtungen bezüglich der neutestamentlichen Berichte über die Kreuzigung Jesu komme, möchte ich Ilse Müllners Überlegungen zum Umgang mit biblischen Gewalterzählungen aufgreifen, die sie aus ihrer Analyse ersttestamentlicher Texte über Gewalt gegen Frauen entwickelt hat: Sie versteht schon das Verfassen dieser Erzählungen über die Vergewaltigung der Tamar (2 Sam 13), der Dina (Gen 34) und anderer Frauen trotz der androzentrischen Erzählperspektive als einen widerständigen Akt gegen das Verschweigen und Vergessen von Gewalt gegen Frauen. Gleiches gilt für das Lesen, Hören und Auslegen dieser Texte (vgl. Müllner 1999, 73): „Die Gewalttäter und Unterdrücke haben nicht das letzte Wort. Gegen das Verschweigen erzählen schon die biblischen Schriften selbst, und gegen die Endgültigkeit der Gewalttat legen heutige LeserInnen die Texte aus. Auslegung ist immer ein wechselseitiger Prozeß, in dem sich der Text – und mit ihm seine ganze Welt – und die Auslegerin – und mit ihr ihre ganze Welt – aufeinander zubewegen. Der Blick auf die Welt der biblischen Texte kann helfen, die Welt der Auslegerin besser zu verstehen. Der Versuch, die Gewalt und ihre Strukturen zu begreifen, beendet noch nicht die Gewalt. Aber das Begreifen hilft dabei, in einer Welt voller Gewalt zu leben und Schritte gegen diese Gewalt zu unternehmen." (ebd., 74)

Das Auslegen der biblischen Gewaltgeschichten aus feministisch-befreiungstheologischem Interesse heraus betrachtet Müllner als Aufgabe, der Frauen sich nicht entziehen dürfen: Gerade weil die Bibel – und damit eine zentrale Grundlage für das Leben in jüdischen und christlichen

Gemeinschaften – häufig benutzt wurde, um patriarchalische Strukturen auf Kosten von Frauen festzuschreiben, ist es notwendig, diese Praxis aufzudecken und ihr Auslegungen entgegenzusetzen, die die aktuellen und historischen Unterdrückungs- und Gewalterfahrungen von Frauen zum Ausgangspunkt der Reflexion machen (vgl. ebd., 41). AuslegerInnen können sich dabei auf die Bibel berufen: „Die biblischen Schriften zeigen bei all ihrer Androzentrik, daß das Vorkommen von sexueller Gewalt der Vision einer gerechten Gesellschaft widerspricht." (ebd., 75)

Wenn untersucht wird, auf welche Weise der Text von Gewalt erzählt, wer zu Wort kommt und was verschwiegen wird, können der Gewalt zugrunde liegende gesellschaftliche Strukturen durchschaut werden. Dieser Prozeß kann sehr schmerzhaft sein, aber er sensibilisiert für die Wahrnehmung der Gewalt- und Überlebensgeschichten von Mädchen und Frauen heute und zeigt die Notwendigkeit, solidarisch mit ihnen zu handeln.

Von diesem Ansatz ausgehend, scheint es mir nicht nur möglich, sondern geradezu dringend notwendig, die Berichte von der Kreuzigung Jesu aus feministisch-befreiungstheologischer Perspektive zu interpretieren, statt die Deutungsmacht über diese Gewaltgeschichte, die zum Zentrum des christlichen Glaubens erhoben wurde, anderen zu überlassen.

Die Evangelien berichten vom Leben und Sterben Jesu aus der Perspektive von Jüdinnen und Juden, deren politischer, ökonomischer und gesellschaftlicher Kontext die Pax Romana ist, die römische Fremdherrschaft (→ Schottroff). Zum Prinzip der Unterwerfung gehörte auch die Kreuzigung derjenigen, die als aufrührerisch oder politisch suspekt betrachtet wurden. Jesus war einer von vielen Jüdinnen und Juden, die auf diese Weise hingerichtet wurden. Die Passionsgeschichten bewahren die Erinnerung an diese Gewalttat, die nicht nur das Leben des Gekreuzigten zerstört, sondern die auch das Netz von Beziehungen, das andere mit ihm verbindet, zu zerreißen droht. Dem grausamen Foltertod geht außerdem ein ungerechter Prozeß voraus – auch dies ist eine Form von Gewalt, die Auskunft gibt über den Zusammenhang von politischer Macht und Rechtsprechung. Auf diese Weise sollten Menschen in Angst versetzt und Befreiungsbewegungen mundtot gemacht werden.

Aber schon die Existenz der Berichte über die Kreuzigung Jesu, die im übrigen nicht zu trennen sind von den Berichten über sein vorangegangenes Leben, zeigen, daß diese Rechnung nicht aufgegangen ist: Die jüdisch-christlichen Gemeinden, die sich auf den gekreuzigten Jesus berufen, leben selbst noch unter römischer Herrschaft. Indem sie an die Kreuzigung Jesu erinnern, leisten sie Widerstand gegen Rom: Sie rufen das Unrecht ins Gedächtnis und die Grausamkeit des Foltertodes, der hier gerade nicht überhöht oder verharmlost wird. Im Kontext des 1. Jahrhunderts und auf dem Hintergrund jüdischer Martyriumstheologie haben die Berichte über die Praxis der Jesusbewegung und die Kreuzigung Jesu dann eine patriarchatskritische Funktion. Sie zeugen von Gemeinschaften, die gegen die Schrecken der Gegenwart an der Vision vom Reich Gottes, von Gerechtigkeit und Freiheit festhalten.

Als Auslegerin dieser Texte nehme ich allerdings wahr, daß die ausschließliche Konzentration auf die Gewaltgeschichte Jesu Gefahr läuft, Gewalterfahrungen von Mädchen und Frauen in der Antike und heute unsichtbar zu machen, wenn der geschundene (männliche) Körper Jesu zum „einzigartigen" Symbol des Leidens erklärt wird. Dieser Gefahr wirken Berichte über Gewalterfahrungen von Frauen aus der außerbiblischen Literatur des frühen Christentums entgegen. An diese uns zumeist unbekannten Gewalt- und Überlebensgeschichten möchte ich hier erinnern und ihren Bezug zur Kreuzigung Jesu herausarbeiten.

Möglicherweise bietet die Re-Vision der historischen Realität eine Möglichkeit für Frauen heute, ihre Erfahrungen mit Gewalt und Überleben zur Sprache zu bringen und sie als unumgängliche Kriterien in die Diskussion um die Rede vom Kreuz einzubringen.

Thekla, Blandina und die anderen – Die Kreuze von Frauen im frühen Christentum

Die Kreuzigung als Todesstrafe findet sich im antiken griechisch-römischen Recht für Frauen und Männer. Als *Kreuzigungen* bezeichnet Josephine M. Ford (1996, 293) auch strukturell verwandte Strafen, also solche, die den Körper des Opfers unbeweglich machten, den Verurteilten ein Maximum an physischem Schmerz zufügten und ein langsames qualvolles Sterben zur Folge hatten. Dieser Definition schließe ich mich im folgenden an. Die Bedrohung durch den Kreuzestod war vielen Frauen in der Antike vor Augen, so auch den Frauen unter dem Kreuz Jesu und an seinem Grab, die aufgrund ihrer Beziehungen zum Gekreuzigten verdächtig waren und mit der Möglichkeit rechnen mußten, selbst gekreuzigt zu werden (vgl. Schottroff 1990, 136f).

Gleiches galt auch für Frauen, die in den ersten Jahrhunderten als Christusnachfolgerinnen und Apostolinnen im Römischen Reich lebten und sich durch ihre Glaubens- und Lebenspraxis von der gesellschaftlichen Norm unterschieden. Zu den bekanntesten Frauen in diesem Zusammenhang gehört Thekla, deren Geschichte in den am Ende des 2. Jahrhunderts entstandenen apokryphen Thekla-(oder Paulus-)Akten bewahrt ist. Blandina und andere Christinnen begegnen in den sogenannten Märtyrerakten des 2. Jahrhunderts und später. Diese Frauen werden Opfer (sexueller) Gewalt, ungerechter Prozesse und Hinrichtungen. Thekla ist dabei auch Überlebende. In den Quellen werden Theklas und Blandinas Gewalterfahrungen auf selbstverständliche Weise mit der Kreuzigung Jesu in Verbindung gebracht.

Die Ursachen für Kreuzigungen und Folterungen in der Antike

Thekla ist eine junge Frau aus vornehmer Familie und mit Thamyris verlobt, als sie eines Tages Paulus predigen hört, zum Glauben kommt und beschließt, fortan ehefrei zu leben. Für viele Frauen bot die ehefreie Lebensweise im Kontext frühchristlicher Gemeinden eine Möglichkeit, von einem Ehemann unabhängig zu leben und beispielsweise als Wanderapostolin unterwegs zu sein. Thekla verweigert sich mit ihrem Entschluß der geplanten Ehe mit Thamyris, der daraufhin gemeinsam mit Theklas Mutter alle Hebel in Bewegung setzt, um Thekla zurückzubekommen. Beide zusammen schaffen es schließlich mit Hilfe des Statthalters, daß Thekla, die von ihrem Entschluß nicht abrückt, zum Feuertod auf dem Scheiterhaufen verurteilt wird: zur Abschreckung aller Frauen in der Stadt, die nach römischer Sitte wie die Männer auch öffentlichen Hinrichtungen beiwohnen mußten.

Frauen, die sich wie Thekla dazu entschlossen, ehefrei zu leben, erteilten damit der in der Antike gängigen Geschlechter- und Gesellschaftsordnung eine Absage. Sie verweigerten sich der ihnen zugedachten Rolle der Ehefrau und Mutter erbberechtigter Kinder und der männlichen Verfügungsgewalt über ihren Körper und ihr Leben. Verlobte und Ehemänner, sogar örtliche Machthaber sahen darin eine Bedrohung ihrer Macht- und Besitzansprüche; sie fürchteten, es könnten sich zahlreiche Nachahmerinnen dieser Lebensweise finden.

In den Händen derer, die politische Macht hatten oder sich der Herrschenden zu bedienen wußten, wurden Hinrichtungen und Folterungen von Frauen zu Machtinstrumenten, auf der Definitionsmacht über eine Frau auf grausamste Weise zu bestehen.

Ein weiteres Mal erlebt Thekla Gewalt am eigenen Leib, als sie mit Paulus unterwegs ist und ein fremder Mann in Antiochien sie auf offener Straße gegen ihren Willen „umarmt", um durch den sexuellen Kontakt Besitz von ihr zu ergreifen. Thekla wehrt sich lautstark und handgreiflich gegen Alexander, zerreißt sein Obergewand und macht ihn damit zum Gespött – so berichtet es die Erzählung. Alexander bringt sie aufgrund seiner Machtposition in der Stadt dafür vor Gericht, und der Statthalter verurteilt sie zum Tod im Tierkampf – ein Paradebeispiel für die Ent-schuldung des Täters und die Be-schuldigung des Opfers.

Theklas Geschichte zeigt die politische Dimension von personaler und struktureller Gewalt gegen Frauen. Das Bestehen auf männlichen Besitzansprüchen und der Verfügungsgewalt über eine Frau und ihren Körper dient letztlich der Wahrung patriarchalischer gesellschaftlicher Herrschaft. Theklas Widerstand wird folglich als Angriff darauf verstanden: „Obwohl wir später erfahren, daß Thekla der Tempelschändung bezichtigt wird, macht der Erzähler klar, daß eine solche Anklage niemals erhoben worden wäre, wenn sie Alexanders Wunsch nachgekommen wäre. Dies schließt ein, daß – in der Perspektive des Erzählers – die Zurückweisung römischer Autorität und die Verweigerung von sexueller Aktivität seitens einer Frau in ihrer Funktion ähnlich sind und nicht unterschieden werden müssen." (McGinn 1994, 816; eigene Übersetzung)

Die christlichen MärtyrerInnen-Akten berichten davon, daß viele Frauen und Männer zum Tode verurteilt wurden, weil sie sich vor Gericht als ChristInnen bezeichneten und es als Konsequenz ihres Glaubens ablehnten, Götzenopferfleisch zu essen (vgl. The Martyrdom of Saints Agape, Irene, and Chione at Saloniki, in: Musurillo 1997, 281). Damit stellten sie – wie Jesus und viele Jüdinnen und Juden seiner Zeit und wie Thekla – den religiösen Absolutheitsanspruch der römischen Herrscher in Frage.

Formen der Gewalt gegen Frauen im Kontext von Kreuzigungen

Historische Notizen über Kreuzigungen und andere Hinrichtungsarten von Frauen zeigen, daß der Terror geschlechtsspezifische Unterschiede kannte: „Frauen wurden zu den Tieren verurteilt, mußten vor ihrem qualvollen öffentlichen Tod obszöne Szenen in Volksfesten darstellen, wurden in den Wartezellen am Zirkus vergewaltigt. Da wegen der Beliebtheit der sexuellen Askese unter Christinnen besonders viele christliche Frauen Jungfrauen waren, spielte die Vergewaltigung vor der Hinrichtung bzw. die vorübergehende ‚Einstellung' ins Bordell vor der Hinrichtung bei ihnen durchweg eine Rolle. Jungfräulichkeit galt als Hinrichtungshindernis, wie nicht nur aus christlichen Quellen bekannt ist." (Schottroff 1996, 109) Auch Thekla wird entkleidet und vor der Verbrennung nackt der Öffentlichkeit vorgeführt und nur mit einem Schurz bekleidet später in den Tierkampf geschickt. Angesichts der Bedeutung, die geschlechtsspezifisch eindeutiger und – vor allem für Frauen – standesgemäßer Kleidung in der Antike zugemessen wurde, erscheint die öffentliche Zurschaustellung des weiblichen Körpers als besondere Erniedrigung und Verletzung der Würde der betroffenen Frau. Thekla hat das Glück, daß die reiche und mit dem König verwandte Tryphaina sie nach der Verurteilung zum Tierkampf bei sich aufnimmt. Dadurch entgeht sie den oben angesprochenen üblichen Vergewaltigungen durch Soldaten im Gefängnis oder der Unterbringung im Bordell. Der Tierkampf selbst bleibt ihr jedoch nicht erspart.

Der Tierkampf war eine grausame Hinrichtungsmethode neben anderen für Frauen (und Männer), wie die christlichen MärtyrerInnen-Akten zeigen. Perpetua und Felicitas werden nackt ausgezogen, in Netze gesteckt und den Tieren vorgeworfen (vgl. Musurillo 1972, 129). Blandina wird einen ganzen Tag lang auf grausamste Weise gefoltert, bis ihr Körper zerschunden und zerfleischt ist (vgl. ebd., 67). Potamiaena verteidigt ihre „körperliche Reinheit und Keuschheit" (ebd., 133) und wird von Männern, die sie zurückgewiesen hat, vor Gericht gebracht. Die Parallelen zu Theklas Geschichte sind offensichtlich! Es wird berichtet, daß Potamiaenas

Richter Aquila (205–210 n. Chr. Präfekt in Ägypten) „ihren ganzen Körper grausamen Qualen unterwarf und dann drohte, sie in die Hände seiner Gladiatoren zu geben, damit sie vergewaltigt würde" (ebd., 133). Potamiaena wurde hingerichtet, indem man heißes Pech über ihren Körper goß.

Diesen Folterungen gingen in der Regel Prozesse und Verhöre voraus. Von Theklas Prozeß, den der in seiner Ehre gekränkte Alexander vor dem Statthalter von Antiochien initiiert, erfahren wir nur, daß Thekla wegen ihres Widerstandes gegen den sexuellen Übergriff Alexanders zum Tode verurteilt wurde. Die Frauen der Stadt protestieren gegen dieses schändliche und gottlose Urteil, das das Opfer zur Täterin und Schuldigen, den Gewalttäter aber zum Opfer macht. Eine solche Verdrehung der Tatsachen ist für Alexander nur möglich, weil er als mächtiger Mann der Stadt gilt, dem es hier gelingt, das Recht für seine Zwecke zu mißbrauchen. Dies dürfte kein Einzelfall gewesen sein, besonders dann nicht, wenn es galt, Männerherrschaft über Frauen auf öffentlicher Ebene zu demonstrieren.

Blandina, eine Sklavin, die unter den MärtyrerInnen von Lyon eine zentrale Rolle spielt und um 180 n. Chr. wegen ihres Bekenntnisses zu Christus hingerichtet wurde, erlebt mit anderen ChristInnen ebenfalls einen ungerechten Prozeß (vgl. ebd., 64f), in dem es genügte, sich als Christin zu bekennen, um zum Tode verurteilt zu werden.

Leibhaftige Identifikation und Christusrepräsentanz

Als Thekla auf dem Scheiterhaufen steht, stellt sie mit ihrem Körper ein Kreuz dar, d.h., sie wird die Arme so ausgebreitet haben, wie Gekreuzigte sie festgebunden bekamen. Dies ist mehr als eine Geste oder ein Symbol. Im historischen Kontext des Römischen Reiches kann ihre Haltung als Identifikation mit dem gekreuzigten Jesus von Nazaret verstanden werden, als Anklage und widerständiges Glaubensbekenntnis. Nach der Verurteilung wird ein Umzug der Tiere durch die Stadt veranstaltet, bei dem Thekla an eine Löwin gebunden wird. Die Thekla-Akten bringen ihre Geschichte im übrigen bewußt mit dem Prozeß und der Hinrichtung Jesu in Verbindung. In Mk 15,26 (vgl. Mt 27,37; Joh 19,19) wird berichtet: „Und es stand über ihm [am Kreuz; BW] geschrieben, welche Schuld man ihm gab, nämlich: König der Juden." Als Thekla nach ihrer Verurteilung in Antiochien an eine Löwin gebunden durch die Stadt geführt wird, heißt es: „Die Schuld auf der Überschrift lautete: ‚Tempelschänderin'." (AThe 28) Jesus und Thekla wird damit vorgeworfen, den umfassenden Herrschaftsanspruch der römischen (lokalen) Machthaber zurückgewiesen zu haben.

Bei den Kreuzigungen Jesu und anderer Jüdinnen und Juden im 1. Jahrhundert und der Hinrichtung Theklas geht es letztlich immer auch um politische Interessen, um die Stabilisierung von Herrschaftsverhältnissen und die Sicherung von Privilegien. Gesellschaftsverändernde und darum als bedrohlich empfundene Bewegungen sollten mundtot gemacht werden: Jesus und die Jesusbewegung, jüdische und frühchristliche Gemeinden, Thekla und andere ehefrei lebende Frauen, die die subversive Erinnerung an den von den Römern gekreuzigten Juden Jesus weitertrugen. Indem Thekla mit ihrem Körper ein Kreuz darstellt, drückt sie aus, daß sie Opfer eines Unrechtsprozesses geworden ist und daß Gewalt zur Disziplinierung von Frauen auch eine politische Dimension hat! Bekenntnischarakter hat Theklas Haltung insofern, als sie sich bewußt in aller Öffentlichkeit mit Jesus identifiziert, also mit einem Menschen, dem Pontius Pilatus in der Kreuzigung wegen politischen Widerstands das Menschsein abgesprochen hatte.

Der Bericht über die Sklavin Blandina zeigt, daß Frauen sich nicht nur selbst mit dem leidenden Jesus identifizierten, sondern dieser für die Glaubensgeschwister in dem geschundenen weiblichen Körper präsent war: „Blandina wurde an einem Pfahl aufgehängt, um eine Beute der losgelassenen Tiere zu werden. Sie machte den Kämpfern, die sie in Kreuzesform hängen sahen und die sie unentwegt hörten, viel Mut – weil sie durch ihre Schwester bei diesem Kampf mit ihren leiblichen Augen jenen, der für sie gekreuzigt war, vor sich sahen –, um jenen, die an ihn glauben, die Gewißheit zu geben, daß alle, die um der Ehre Christi willen leiden, in Ewigkeit Gemeinschaft mit dem lebendigen Gott haben." (The Martyrs of Lyon, 41, zit. nach Jensen 1992, 198) Diese christlichen MärtyrerInnen stellen die Verbindung zwischen dem Leiden Jesu und dem einer gesellschaftlich verachteten Sklavin her, ohne deren Leiden und Sterben zu verherrlichen. Zu ihren alltäglichen Erfahrungen gehörten der Terror der Herrschenden,

Verfolgung und Folter, die all jene Männer, Frauen und Kinder bedrohte, die die Botschaft von der Auferstehung des gekreuzigten Christus verkündigten und lebten: „Leider gibt es unter ChristInnen eine Deutungstradition dieser Martyriumsgeschichten, die sie psychologisiert (als eigentlich unnötigen Masochismus – als Leidensseligkeit) und entpolitisiert. Es wird nicht gesehen, daß das Römische Reich mit seiner brutalen Unterdrückung der Völker eigentlich keine andere Möglichkeit ließ auszudrücken, daß die Unfreiheit und Menschenverachtung nicht mehr ertragen werden kann. Das Martyrium konnte vermieden werden, aber um den Preis, der Brutalität zuzustimmen. Es gab nur einen Platz in den Rängen des Theaters – mitjohlend – oder den Platz unten bei den Tieren." (Schottroff 1996, 111)

Erinnerung ist not-wendig?!

Es hat sich gezeigt, daß traditionelle christliche Kreuzestheologie im Kontext von Gewalt eine fatale Wirkung haben kann, da sie zum einen eine Gewalttat mit Erlösung in Verbindung bringt und zum anderen die Lebensrealität von Frauen in patriarchalischen Gesellschaften nicht reflektiert. Vor allem ersterer Aspekt begünstigt, daß Gewalt nicht wahrgenommen oder aber verharmlost, überhöht oder funktionalisiert wird. Die Identifikation von Mädchen und Frauen mit dem leidenden Jesus kann ferner lähmende Wirkung auf die Überlebenden haben: Sie werden durch die als ideal vorgestellten Verhaltensweisen in kreuzestheologischen Konzepten nicht dazu ermutigt, für ihr eigenes physisches und psychisches Wohlergehen zu sorgen, Widerstand zu leisten und ihrer Sehnsucht nach einem selbstbestimmten Leben Raum zu geben. Von diesem Befund her ist die Ausgangsfrage nach dem Umgang mit dem Kreuz wieder aufzugreifen. Ich halte es für unabdingbar, sie für zwei verschiedene Kontexte zu beantworten: für den Bereich *individueller Erfahrungen* von Frauen und Mädchen mit christlicher Kreuzestheologie und für den *wissenschaftlichen Diskurs* zum Thema.

Es scheint mir durchaus möglich, daß Überlebende sich aufgrund einer engen Verbindung zwischen ihren Erfahrungen mit Gewalt und religiösen Traditionen weigern, sich überhaupt noch mit dem Kreuzestod Jesu zu beschäftigen. In diese Richtung weist auch eine Untersuchung zur

Bedeutung von Christologie im Leben protestantischer Frauen aus den neunziger Jahren. Die Autorinnen stellen fest: „Von den von uns interviewten Frauen erwähnt keine einzige das Kreuz Christi von sich aus. Fast alle Frauen lehnen auf Nachfrage hin den Tod Christi am Kreuz in seiner Heilsbedeutung ab." (Taube/Tietz-Buck/Klinge 1995, 55) Vor allem die jüngeren interviewten Frauen bringen zum Ausdruck, daß sie die Rede vom Opfertod Jesu als Belastung empfinden. Es stößt sie ab, daß ein Mensch „für uns" gequält worden sein soll und von ihnen Dankbarkeit dafür erwartet wird. Sie wehren sich zudem gegen die Vorstellung, Gott könnte dieses Menschenopfer gefordert haben. Die Gewalttat der Kreuzigung können und wollen sie nicht mit „Befreiung" in Verbindung bringen. Eine solche Haltung ist zu akzeptieren – und sie ist eine ernstzunehmende Anfrage an christliche Kreuzestheologie.

Damit ist auch schon der wissenschaftliche Diskurs zum Thema angesprochen. Von ihm gehen Impulse für die theologische Praxis in Gemeinde, Schule, Erwachsenenbildung etc. aus. Daher scheint es mir im wahrsten Sinne des Wortes not-wendig, daß feministische Theologinnen ihre Kritik an herrschender Kreuzestheologie, ihr Wissen und ihre Vorschläge für eine andere Rede vom Kreuz vehement in die Diskussion einbringen. Erst wenn die Lebensrealität von Frauen und grundsätzlich aller marginalisierten Menschen berücksichtigt wird und das Bewußtsein für die Ungerechtigkeit hierarchischer Gesellschaftsstrukturen vorhanden ist, wird sich auch die „herrschende" theologische Rede vom Kreuzestod Jesu grundlegend verändern können. Verweigern wir uns diesem mühsamen Prozeß, stützen wir damit theologische Botschaften und gesellschaftliche Strukturen, die Gewalt gegen Frauen und Mädchen unausgesprochen akzeptieren oder sogar begünstigen.

Die Berichte über die Kreuzigung Jesu, die Gewaltgeschichten Theklas und Blandinas und der anderen Frauen können als Texte gegen das Vergessen gelesen werden: als immer wieder zu vergegenwärtigende historische Realitäten, die Menschen die Augen öffnen für die „Kreuze" von Frauen heute, für die strukturellen Ursachen und vielen Gesichter der Gewalt, für die Strategien der Täter und die (Über-)Lebenskämpfe der Opfer, die eine kontextlose und leichtfertige Rede von Heilung, Befreiung und Auferstehung verbieten.

Literatur

Joanne Carlson Brown; Rebecca Parker, For God So Loved the World?, in: Christianity, Patriarchy, and Abuse. A Feminist Critique, Joanne Carlson Brown (eds.), 2. Aufl. New York 1990, 1–30.

Ulrike Eichler, Weil der geopferte Mensch nichts ergibt. Zur christlichen Idealisierung der Opferexistenz, in: Sexuelle Gewalt gegen Mädchen und Frauen als Thema der feministischen Theologie, Ulrike Eichler; Ilse Müllner (Hg.), Gütersloh 1999, 124–141.

Evangelische Frauenarbeit in Deutschland (EFD), Theologische Aspekte der Gewalt gegen Frauen und Mädchen, Stellungnahme, 26. 6. 1996 (in: epd-Dok. Nr. 17a/97).

Aruna Gnanadason, Die Zeit des Schweigens ist vorbei. Kirchen und Gewalt gegen Frauen, Luzern 1993.

Julie Hopkins, Feministische Christologie. Wie Frauen heute von Jesus reden können, Mainz 1996.

Anne Jensen, Gottes selbstbewußte Töchter. Frauenemanzipation im frühen Christentum?, Freiburg–Basel–Wien 1992.

Friederike Koch; Sabine Ritter, Lebenswut – Lebensmut. Sexuelle Gewalt in der Kindheit: Biographische Interviews, Pfaffenweiler 1995.

Evi Krobath; Luise Schottroff, Art. Sünde/Schuld, in: Wörterbuch der Feministischen Theologie, Elisabeth Gössmann u.a. (Hg.), Gütersloh 1991, 381–390.

Josephine Massyingbaerde Ford, The Crucifixion of Women in Antiquity, in: Journal of Higher Criticism 3 (1996) 291–309.

Sheila E. McGinn, The Acts of Thekla, in: Searching the Scriptures Vol. 2: A Feminist Commentary, Elisabeth Schüssler Fiorenza (ed.), New York 1994, 800–828.

Hedwig Meyer-Wilmes, Praktiken der Gewalt im Namen der Religion. Über die weit gezogenen Grenzen der erlaubten Gewalt gegen Frauen, in: Concilium 4 (1997) 495–502.

Carola Moosbach, Gottflamme Du Schöne. Lob- und Klagegebete, Gütersloh 1997.

Ilse Müllner, Sexuelle Gewalt im Alten Testament, in: Sexuelle Gewalt gegen Mädchen und Frauen als Thema der feministischen Theologie, Ulrike Eichler; Ilse Müllner (Hg.), Gütersloh 1999, 40–75.

Herbert Musurillo (ed.), The Acts of the Christian Martyrs, Oxford 1972.

Luise Schottroff, Maria Magdalena und die Frauen am Grabe Jesu, in: dies., Befreiungserfahrungen. Studien zur Sozialgeschichte des Neuen Testaments, München 1990, 134–159.

Dies., Kreuz, Opfer und Auferstehung Christi. Geerdete Christologie im Neuen Testament und in feministischer Spiritualität, in: Ihr aber, für wen haltet ihr mich? Auf dem Weg zu einer feministisch-befreiungstheologischen Revision von Christologie, Renate Jost; Eveline Valtink (Hg.), Gütersloh 1996, 102–123.

Dies., Dorothee Sölle; Elisabeth Moltmann-Wendel, Art. Kreuz, in: Wörterbuch der Feministischen Theologie, Elisabeth Gössmann u.a. (Hg.), Gütersloh 1991, 225–236.

Elisabeth Schüssler Fiorenza, Gewalt gegen Frauen, in: Concilium 2 (1994) 95–107.

Regula Strobel, Feministische Kritik an traditionellen Kreuzestheologien, in: Vom Verlangen nach Heilwerden. Christologie in feministisch-theologischer Sicht, Doris Strahm; Regula Strobel (Hg.), Fribourg–Luzern 1991, 52–64.

Dies., Der Beihilfe beschuldigt. Christliche Theologie auf der Anklagebank, in: FAMA 1 (1993) 3–6.

Roselies Taube; Claudia Tietz-Buck; Christiane Klinge, Frauen und Jesus Christus. Die Bedeutung von Christologie im Leben protestantischer Frauen, Stuttgart–Berlin–Köln 1995.

* *Daniela Wolf* vom Verein gegen sexuelle Gewalt an Mädchen und Frauen *Schwarzer Winkel e.V.,* Kassel, danke ich herzlich für ihre ausdauernde Diskussionsbereitschaft, mit der sie zur Entstehung dieses Artikels beigetragen hat.

Regula Strobel
Opfer oder Zeichen des Widerstands?
Kritische Blicke auf problematische Interpretationen der Kreuzigung Jesu

Schon in biblischen Texten wird die Kreuzigung Jesu ganz verschieden interpretiert, und im Laufe der Jahrhunderte haben TheologInnen noch einige Deutungen hinzugefügt. Vier dieser theologischen Interpretationen der Hinrichtung Jesu durch die römische Besatzungsmacht will ich im folgenden kritisch beleuchten. Sie sind in der kirchlichen Verkündigung und im säkularen Alltag noch immer aktuell oder eben erst formuliert worden. Die vier Deutungen der Kreuzigung Jesu, die ich auf die Kurzformeln „Opfer zum Heil der Welt", „Hingabe zur Erlösung der Menschheit", „Konsequenz seines Engagements" und „Zeichen des Widerstands" bringen könnte, beinhalten für mich allesamt gefährliche Züge, die auch im säkularen Bereich die Denkstrukturen prägen und verheerende Wirkungen haben.

Opfer zum Heil der Welt
In der westlich-abendländischen Theologie wurde eine Interpretation der Hinrichtung Jesu, die Opfertheologie, bevorzugt. Sie ist von den christlichen Kirchen weiterverkündet und über die Missionen in alle Regionen der Welt getragen worden. Sie hat die Denkstrukturen der westlichen Kultur mitgeprägt und ist zu einem Stück des kulturellen Unbewußten geworden. Die Opfertheologie begegnet uns in den verschiedensten Lebensbereichen – in Gesprächen mit Unterdrückten und in der Begleitung von Leidenden ebenso wie im Bereich von Wirtschaft und Politik.

Opfertheologie und ihre betäubende Wirkung
Die Opfertheologie wird in zwei Varianten ausformuliert, aber Ausgangspunkt ist immer die → Sünde der Menschen. Sie macht das Opfer, Jesu

Kreuzigung, notwendig, um die Menschen aus den Klauen des Teufels loszukaufen (Variante 1) oder um bei Gott die Wiedergutmachung zu erwirken (Variante 2). In beiden Varianten ist es Gott, der die Folgen der menschlichen Sünde tilgen und die Menschen erlösen will. Jesus führt diesen göttlichen Heilsplan aus. Er ist gehorsam und gibt – in Übereinstimmung mit dem Willen Gottes – sein Leben am Kreuz dahin, zum Heil und zur Rettung der Menschen. In dieser Opfertheologie läßt sich eine klare Struktur erkennen: Einer hegt ein großes Ziel und bestimmt einen anderen, der dieses Ziel unter Einsatz seines Lebens realisieren soll. Von diesem seinem Instrument wird gehorsame Ausführung seines Willens erwartet oder noch besser: Identifikation mit dem Heilsplan Gottes. Das Opfer erbringt Jesus, profitieren davon tun andere – wir alle.

Feministische Theologinnen kritisieren diese theologische Interpretation der Kreuzigung Jesu. Erstens, weil die geschichtliche Kreuzigung durch das römische Regime in eine Heilsgeschichte entrückt und dadurch idealisiert wird. Wer soll denn die Bluttat der Herrschenden kritisieren, wenn wir deren NutznießerInnen sind, wenn sie unsere Erlösung ist? Zweitens, weil diese Art von Kreuzestheologie die Akzeptanz von Denk- und Handlungsstrukturen fördert, die immer wieder Menschen zu Opfern machen. Die Opfertheologie bereitet den Boden dafür, daß diese Strukturen problemlos aufgebaut werden können und meist kritiklos fortbestehen. Sie wirkt betäubend, weil sie als normal und gut erscheinen läßt, daß einer (Gott-Vater) einen anderen (Jesus) dazu bestimmt, sich aus Liebe für das Heil der Menschen zu opfern, und sei es zum Preis seines eigenen Lebens. Menschen werden durch diese Opfertheologie daran gewöhnt, daß wichtige Ziele Opfer erfordern. In dieser Gewöhnung und Selbstverständlichkeit liegt das Narkotisierende, weil die Frage gar nicht mehr aufkommt, ob es überhaupt ein Ziel geben kann, für das Menschen geopfert werden dürfen.

Gewöhnung an Opfer nicht nur von Kirchentreuen

Die Opfertheologie prägt viele kirchlich sozialisierte Menschen und läßt sie gar nicht wahrnehmen, wie stark dieselbe Grundstruktur in unserem Alltag präsent ist. Denn die Folgen dieser Theologie reichen weit über das kirchliche Milieu hinaus in säkulare Bereiche, wo wir dies nie erwarten würden. Die Grundstruktur der Opfertheologie hat unsere abendländische Kultur und Gesellschaft durchwoben. Davon sind auch all jene betroffen, die sich von den Kirchen schon längst verabschiedet haben. Es wird auch im gesellschaftlichen Kontext als selbstverständlich erachtet, daß zum Erreichen gewisser Ziele Opfer gebracht werden müssen. (Das meine ich mit dem kulturellen Unbewußten: die Strukturen, die unser Leben prägen und die wir akzeptieren, ohne sie zu durchschauen.) Die Ziele müssen uns nur erstrebenswert scheinen oder plausibel gemacht werden. Solange es andere sind, die auf dem Weg zum Ziel als Opfer auf der Strecke bleiben, stimmen wir dieser Grundstruktur meist zu, weil wir an sie gewöhnt sind, weil sie schon längst nicht mehr begründet werden muß, sondern in der Gesellschaft unhinterfragt gilt: So ist es einfach. – Die Mobilität hat ihren Preis und fordert Opfer, ebenso wie die Budgetsanierung oder die NATO-Bomben in Jugoslawien.

Christliche Opfertheologie kann sicher nicht als einzige Ursache für das Handeln der Herrschenden verantwortlich gemacht werden. Damit würden die EntscheidungsträgerInnen in Wirtschaft, Politik und Kirche, die andere instrumentalisieren wollen, um die eigenen Ziele und Profite zu verfolgen, zu schnell entlastet. Aber die lange Tradition und weite Verbreitung der Opfertheologie hat erstens ein Klima der Akzeptanz geschaffen, sowohl bei den Opfern oder potentiellen Opfern wie auch auf der Seite der EntscheidungsträgerInnen. Dieses Klima der Akzeptanz verhindert oder erschwert zumindest, zu durchschauen, was abläuft. Zweitens hindert die Gewöhnung an Opfer die meisten Menschen, aus diesen Strukturen auszubrechen und jene, die solche Opferstrukturen aufrecht erhalten wollen, zu entlarven und anzuklagen.

Höhere Shareholdervalues fordern Opfer

Die Denkstruktur, in die wir durch die theologische Idealisierung des Opfers eingeübt werden, ist äußerst problematisch. Mit der Vorstellung, daß Opfer sinnvoll, ja heilbringend seien, wird auch den Entscheidungen der Wirtschaftsführer der Boden bereitet. Und gleichzeitig werden jene, die deren Entscheidungen zum Opfer fallen, dazu gebracht, diese als richtig oder zumindest unumgänglich zu akzeptieren. In der Logik des Opferdiskurses, daß Menschen geopfert werden dürfen, entscheiden die

Machthaber, für welche Ziele welche Menschen über die Klinge springen müssen. Mit dem Ziel der Profitmaximierung werden die Arbeitenden angehalten, immer mehr zu leisten, sich zu verausgaben bis zum Letzten (Herzinfarkt, Magenkrebs, Nervenzusammenbruch). Oder sie werden durch noch schneller arbeitende Maschinen ersetzt und aufgrund von Restrukturierungen entlassen. Denn im Interesse, den Börsenwert der Papiere eines Unternehmens zu steigern, müssen die Betriebe „schlank" gemacht werden, d.h. weniger Lohnkosten verschlingen.

Die Inhalte von kirchlich-christlicher und säkularer Opferideologie sind verschieden, aber die Denkstruktur ist dieselbe. Die kirchlich-christliche Erlösungstheologie ist der Glaube an einen Gott, der bereit ist, für das Heil der Menschen seinen einzigen Sohn zu opfern. Und die Religion des Marktes ist der Glaube an einen Gott, der bereit ist, Menschen für die Steigerung der Shareholdervalues (d.h. die Profite der Anteilseigner) zu opfern. Die Ziele, für die Opfer gefordert werden, unterscheiden sich im theologischen und im wirtschaftlichen Opferdiskurs. Aber es ist gefährlich und zu spät, wenn wir erst bei den Zielen zu diskutieren beginnen, ob es legitim sei, für das Heil der Menschen oder die Steigerung der Shareholdervalues Menschen zu opfern. Alle Ziele können durch Indoktrination und/oder Gewalt plausibel gemacht und durchgesetzt werden.

Es gilt deshalb, die Denkstruktur zu verändern, nach der es Ziele und Werte gibt, für die Menschen geopfert werden dürfen oder sollen. Und vor allem können wir als ChristInnen genau dieses Verhalten nicht mehr länger als Erlösung ausgeben. Weder soll unser Heilwerden auf einer brutalen Hinrichtung durch das römische Imperium beruhen, noch dürfen die satten Profite einiger weniger weiterhin mit dem Leben anderer bezahlt werden.

Die Instrumentalisierung anderer zur Erreichung der eigenen Interessen

Kirchlich-christliche Opfertheologie formuliert, daß Gott seinen Sohn aus Liebe zu den Menschen und zu ihrer → Erlösung in die Welt schickte und am Kreuz dahingab. Gott beschließt über das Ziel und den Weg, auf dem es erreicht werden soll. Es ist der Sohn, der seinen Erlösungsplan auszuführen hat und dafür auch sein Leben opfert.

Was auf der Ebene der Theologie in unseren Ohren noch angenehm tönen mag, weil wir auf der Seite der Nutznießenden sind, bekommt im säkularen Bereich für uns eine andere Schärfe. Denn hier sind wir oder andere, die uns nahestehen, sehr oft unter jenen, die zur Erreichung bestimmter Ziele von den Herrschenden instrumentalisiert und geopfert werden. Im Wirtschaftsbereich ist es häufig so, daß die Shareholder derart auf ihren Profit aus sind, daß sie nicht zögern, Tausende von Menschen dafür hinzugeben. Die von anderen gesteckten Ziele müssen erreicht werden, gleich um welchen Preis. Die Erlösung der Menschen muß geschehen – auch wenn der Preis ein Gekreuzigter ist. Die Ware muß termingerecht abgeliefert werden, trotz Ausfall einer Maschine oder anderer Widerwärtigkeiten. Dann werden Überstunden und zusätzliche Schichten verordnet – ohne Rücksicht auf die Gesundheit der MitarbeiterInnen, auf deren Familienleben oder soziales Umfeld. Die Leistung muß erbracht werden, wie, spielt keine Rolle. Wer da nicht gehorcht und mitmacht, muß bald nicht mehr mitmachen. Denn angesichts der hohen Arbeitslosigkeit gibt es genügend Männer und Frauen, die bereit sind, den Weisungen nachzukommen. Gehorsam bis zum „Geht-nicht-mehr" ersetzt den Gehorsam bis zum Tod am Kreuz. Noch besser ist es, wenn die Leistungsträgerinnen und Pläneverwirklicher gar nicht mehr zum Gehorsam angehalten werden müssen, sondern wenn sie die Interessen, Ziele und Pläne ihrer Machtzentren zu ihren eigenen machen. Dann nämlich setzen sie sich freiwillig für deren Durchführung und Realisierung ein, müssen nicht mehr zu Überstunden verdonnert oder angehalten werden, sondern leisten sie freiwillig und unbezahlt.

Die Opfertheologie erachten viele als überholt, obwohl sie in Liturgien, Liedern und Predigten nach wie vor verbreitet wird. Häufig erfährt sie dabei allerdings eine Modifikation, indem Jesus nicht mehr als instrumentalisiertes Opfer dargestellt wird, sondern als einer, der sich für das Heil der Menschen freiwillig hingibt.

Hingabe für die Erlösung der Menschen

Um diesem gräßlichen Gottesbild, das mit der Opfertheologie tradiert wird, zu entkommen, interpretieren Theologen wie z.B. Jürgen Moltmann die Kreuzigung als Hingabe Jesu an Gott und als Hingabe für uns. Jesus ist in dieser Deutung nicht mehr in der Rolle des Opfers und des gehorsamen, instrumentalisierten Sohnes, sondern er ist selbst Entscheidender, Handelnder. Im Interesse, von einem opferbrauchenden Gottesbild etwas abzurücken, wird immer auch die Freiwilligkeit betont, mit der Jesus in den väterlichen Heilsplan eingewilligt habe. Er habe nicht einfach gehorcht, sondern sich selbst aus freien Stücken dahingegeben, in einer tiefen Willenseinheit mit dem Vater. Jesus sei im Geschehen der Hingabe nicht nur Objekt, sondern auch Subjekt. Seine Kreuzigung sei bewußt angetretener Leidensweg, bejahtes Sterben aufgrund seiner Leidenschaft für Gott (vgl. Moltmann 1989).

Zwei Aspekte dieser Interpretation der Kreuzigung Jesu sind neu und wichtig: die Befreiung des Gottesbildes vom Sadismus und die Erkenntnis, daß Opfer nicht nur willenlose Instrumente in der Hand anderer sind bzw. daß die Identität der Opfer sich nicht in der Opferrolle erschöpft. Problematisch bleibt in diesem Denken allerdings, daß die Hinrichtung Jesu durch das römische Imperium nach wie vor innerhalb eines göttlichen Heilsplans stattfindet. Verschärfend kommt hinzu, daß die Kreuzigung zu einem freien Willensentscheid Jesu umgedeutet wird. Es wird suggeriert, Jesus habe seine eigene Kreuzigung für uns gewollt.

Opfer werden zu Subjekten, die sich hingeben

Das in der Opfertheologie fremdbestimmte Opfer, das gehorsam war bis zum Tod am Kreuz, ist in dieser Interpretation zum selbstbestimmten Subjekt geworden. Der Sohn gibt sich freiwillig hin. Er hat den Heilsplan verinnerlicht. Was Gott-Vater von ihm wollte, hat er zu seinem eigenen Willen gemacht. Allerdings ändert sich dadurch an den Fakten nichts. In völliger Willenseinheit mit dem Vater setzt Jesus, der Sohn, sich jetzt freiwillig für das ein, was sie beide wollen, und gibt sich total hin. Das sogenannte selbstbestimmte Subjekt macht nichts anderes als das, wozu es vorher als Opfer bestimmt und zum Gehorsam aufgerufen war. Die einzige Veränderung geschieht auf der Ebene des Gottesbildes: Obwohl Gott nach wie vor den Heilsplan entwirft, ist er nicht mehr der opfersüchtige, der die Kreuzigung seines Sohnes will oder zuläßt. Das Image von Gott-Vater ist dadurch aufgebessert worden, daß der Sohn sich freiwillig hingibt.

Dieselbe Struktur erkenne ich in den Veränderungen der Managementdirektiven der letzten Jahre: Nicht mehr harte Verfügungen und Befehle sind „in", sondern Motivationsarbeit. Alle Angestellten sollen sich mit dem Betrieb identifizieren, weil sie dann mehr und bessere Leistungen erbringen. Die Angestellten können auch ihre Zielvorgaben selbst formulieren. Faktisch hat sich dadurch nichts geändert; denn die Angestellten werden sogenannt freiwillig die genauso hochgesteckten Leistungsvorgaben formulieren wie die von ihren Vorgesetzten verordneten. Vielleicht sogar noch höhere, weil der Leistungswille honoriert wird mit der Verlängerung der Anstellung.

Verinnerlichte Ziele der Herrschenden

Auch im wirtschaftlichen Bereich wird seit einigen Jahren darauf hingearbeitet, daß die instrumentalisierten „Opfer" die Ziele der Entscheidungsträger, der Shareholder, verinnerlichen und aus freiem Antrieb verfolgen. Gute MitarbeiterInnen sind jene, die sich mit dem Betrieb identifizieren und sich mit hohen, selbstformulierten Zielvorgaben unter Druck setzen. Weil sie die Ziele selbst formuliert haben, sind sie auch bereit, Überstunden zu machen, ohne sie in Rechnung zu stellen. Denn diese abzurechnen würde heißen, unrealistische Zielvorgaben formuliert zu haben oder die versprochene Leistung nicht in der normalen Arbeitszeit erbringen zu können – was beides etwa gleich schlecht ist für das nächste MitarbeiterInnengespräch, die Beförderungsaussichten und die Lohnverhandlungen. Mit der Verinnerlichung der Ziele der Herrschenden und der totalen Hingabe an deren Verwirklichung ist den Wirtschaftsmagnaten doppelt gedient: Sie müssen keinen Druck mehr ausüben, damit die Ziele verwirklicht werden, und zugleich wird ihr Image durch den sogenannten partizipativen Führungsstil aufpoliert. Weg ist damit das Bild des leistungsheischenden Molochs, der den wegrationalisiert, der die erforderte Leistung, d.h. den erwarteten Gewinn, nicht erwirtschaftet. Wer die selbstgesteckten Ziele nicht erreicht, ist selbst schuld und kann kaum erwarten, daß er/sie die Stelle nicht verliert.

Die Interpretationen der Kreuzigung Jesu als Opfer und als Hingabe für die Erlösung der Menschen schaffen sowohl bei den Herrschenden als auch bei den Opfern Akzeptanz für das oben beschriebene Verhalten und verhindern oder erschweren zumindest ein Ausbrechen aus diesen Denk-strukturen auch bei denen, die unter die Räder kommen. Für die Wirt-schaftsführer ist es völlig normal, die Werte zu definieren, für die Opfer gebracht werden müssen; es ist auch normal, daß sie bestimmen, wer im Interesse der Profitmaximierung geopfert werden muß. Und wenn sie es schaffen, die Opfer dahin zu bringen, daß sie sich freiwillig und in völli-ger Identifikation mit den Interessen der Shareholder für hohe Lei-stungsvorgaben entscheiden, sind sie auch noch ihr schlechtes Image los.

Diese zwei Interpretationen (Opfer und Hingabe) sind in Europa im kirch-lichen Alltag (evangelischer- und katholischerseits) nach wie vor weit ver-breitet. Einen etwas anderen Akzent setzen lateinamerikanische Befreiungs-theologInnen und TheologInnen, die sich von ihnen inspirieren ließen.

Konsequenz seines Engagements

BefreiungstheologInnen verkündigen keinen Gott, der die Kreuzigung Jesu gewollt hat – auch nicht zur Erlösung der Menschen. Gott steht in ihrer Theologie nicht auf der Seite der Henker und Machthaber, die ohne zu zögern den liquidieren, der sich ihren Plänen nicht fügt oder der sich für Gerechtigkeit und Leben für alle einsetzt. Sie sprechen auch nicht von einer freiwilligen Hingabe Jesu am Kreuz zu unserer Erlösung.

BefreiungstheologInnen sind sich dessen bewußt, daß die Rede vom erlö-senden Charakter von Jesu Hinrichtung lange dazu gedient hat, Leiden-de, Arme und Entwürdigte in ihren Leidenssituationen festzuhalten, auch wenn die Ursachen für deren Leiden in menschlicher Ungerechtigkeit und Ausbeutung zu suchen waren. Sie machen deutlich, daß nicht unfreiwilli-ges, aufgezwungenes Leiden erlösende und befreiende Funktion hat, sondern nur freiwillig akzeptiertes Leiden, das aus dem Kampf für eine gerechtere und menschlichere Welt resultiert. Unfreiwilliges Leiden als erlösend zu propagieren, bedeutet für sie, aktiv an der Ausbeutung und Unterdrückung der Armen mitzuwirken.

BefreiungstheologInnen interpretieren Jesu Kreuzigung als unausweichli-che Konsequenz seines unerschütterlichen, aber freiwilligen Einsatzes für Gott und seine/ihre Gerechtigkeit (z.B. Miguel d'Escoto in: Sölle 1990). Wer den Willen des Vaters tue, gerate unweigerlich in die Konfrontation, den Kampf, das Leiden – ans Kreuz eben. Jesus hätte unter den Drohungen zusammenbrechen und sich zurückziehen können, aber dadurch auch seine Glaubwürdigkeit eingebüßt. Jesus hat trotz Drohungen seitens der Mächtigen an seinem Einsatz für und an seiner Vision vom „Leben in Fülle für alle" festgehalten. Aber wer konsequent bleibt, muß mit der Kreuzigung oder heute mit Folter und Repressionen vieler Art rechnen. Auch die, die sich heute für Gerechtigkeit und „Leben für alle" einsetzen, müssen diesen Konsequenzen ins Auge sehen. Wer sich für ein Leben in Fülle und Gerechtigkeit für alle Menschen einsetzt, für jene im Süden wie im Norden unserer Welt, für Frauen und Männer, Farbige und Weiße, Gesunde und solche, die von den Gesunden als krank oder als behindert definiert werden, muß – so formulieren die BefreiungstheologInnen – mit Repressionen rechnen. Der Weg der Nachfolge Jesu zu mehr Gerechtigkeit in dieser Welt ist nicht anders zu leben. Erlösung und Befreiung sind, so ihre Überzeugung, nicht ohne Leiden und Kreuz zu haben.

Wichtig ist allerdings, daß in dieser Interpretation niemand andere dazu bestimmt, sich für dieses oder jenes Ziel aufzuopfern und hinzugeben, sondern daß jede und jeder selbst und freiwillig entscheidet, für welchen Einsatz und welches Ziel er/sie welche Konsequenzen in Kauf nehmen will. Die Kreuzigung Jesu als Konsequenz seines unbeirrbaren Engagements für Gerechtigkeit zu interpretieren dünkt mich aber ebenso problematisch wie die zwei vorhergehenden Interpretationen. Auch hier bleiben die Botschaft und die Gewöhnung an Opfer letztlich dieselben: Denn wer etwas erreichen und verändern will, muß darauf gefaßt sein, seitens der Mächtigen in Gesellschaft und Kirche Repressionen zu erfahren.

Wer sich einsetzt, muß mit Repressionen rechnen

In dieser Interpretation wird ein kausaler, scheinbar unabänderlicher und unvermeidbarer Zusammenhang hergestellt zwischen dem Engagement Jesu für das Reich Gottes und seiner Kreuzigung, die von anderen Menschen verursacht wird. Damit wird jenen, die sich für Gerechtigkeit einsetzen und von den Machthabern in Gesellschaft und Kirche z.T. brutal und verunglimpfend kaltgestellt werden, vermittelt: Wer sich einsetzt, muß mit Repressionen rechnen. Eine Frau, die in persönlichen Beziehungen oder auf der gesellschaftlichen Ebene für Frauenrechte eintritt, muß die z.T. gewalttätigen Reaktionen von Männern (und Frauen) in Kauf nehmen und ertragen. Wer sich im Betrieb in Arbeitskämpfen exponiert, kann nicht damit rechnen, im selben Betrieb bis zur Pensionierung angestellt zu bleiben.

Die Struktur dieses Verhaltens, daß Herrschende andere Menschen, die sich ihren Plänen nicht fügen, einfach eliminieren, wird nicht hinterfragt, ihre Gewalttätigkeit nicht denunziert, als abnormal deklariert, um ihr den Boden der Akzeptanz zu entziehen. Im Gegenteil: Sie wird gestützt und gestärkt durch die Botschaft, die allen Engagierten vermittelt wird: Wer sich einsetzt, hat als Konsequenz mit Repressionen zu rechnen. Dies wird wie ein eigenmächtiges Gesetz tradiert, wie ein Sachzwang, dem auch die Herrschenden unterworfen sind. Dabei gerät in Vergessenheit, daß es immer freie Entscheidung der Mächtigen ist, Gewalt auszuüben, Restrukturierungen von Betrieben durchzuführen und dabei einseitig nur die Steigerung der Shareholdervalues im Auge zu haben.

Unsichtbar gemachte Gewalttäter

In solcher Redeweise wird nicht in Betracht gezogen, daß es nicht so sein muß, sondern daß die Herrschenden sich in aller Freiheit für die Gewaltausübung entscheiden. Die Kreuzigung Jesu und anderer Frauen und Männer ist nicht die Konsequenz des Engagements für Gerechtigkeit. Die Kreuzigung ist allein Konsequenz und Resultat der Gewaltanwendung der Herrschenden. Verschweigen wir dies – formulieren wir gar, das Kreuz sei die Konsequenz des Handelns Jesu –, machen wir die Täter unsichtbar und schieben Jesus die Schuld und Verantwortung für die Kreuzigung zu. Wird das Kreuz zur Konsequenz des Engagements Jesu erklärt, kann die römische Besatzungsmacht sich die Hände in Unschuld waschen. Denn mit dieser Interpretation wird das Opfer der Repression zur Person, die das Ganze zu verantworten hat. Das Opfer muß die Konsequenzen seines Handelns tragen.

Wie schon in der Interpretation der Kreuzigung als Opfer und als Hingabe verschwindet auch hier die Gewalt der Herrschenden aus dem Blickfeld. In den ersten beiden Deutungen, weil die Kreuzigung in einen metaphysischen Heilsplan integriert wird, dessen Urheber Gott ist, hier, weil die Kreuzigung zur Konsequenz des Einsatzes für Gerechtigkeit deklariert wird. Wo aber die Gewalt unsichtbar gemacht wird, wird zu ihrer Aufrechterhaltung beigetragen. Die Machthaber/Täter werden dadurch aus ihrer Verantwortung entlassen und nicht für ihre Gewalttätigkeit zur Rechenschaft gezogen. In diesem Klima des Verschweigens und Vertuschens können sie weiterhin ungestört Gewalt ausüben.

Verstärkt wird diese Verschleierung der Gewalt noch durch die Betonung der Freiwilligkeit, mit der diese „Konsequenzen" des Engagements getragen werden. Ich weiß, daß BefreiungstheologInnen sich dadurch abgrenzen von einer grundsätzlichen Idealisierung des Leidens und deutlich machen, daß nur jenes Leiden befreienden und erlösenden Charakter hat, das aus dem Kampf gegen Ungerechtigkeit „resultiert". Aber diese Repressionen werden nicht freiwillig getragen, sondern von den Herrschenden aufgezwungen! Das Engagement für Solidarität und Gerechtigkeit ist freiwillig – ja. Aber die Repressionen werden von den Mächtigen auferlegt. Diese Repressionen als freiwilliges Leiden der Engagierten zu beschreiben, macht wieder jene unsichtbar, die Kreuzigungen und Repressionen verordnen.

Indem die Gewalttäter sprachlich unsichtbar gemacht werden, geraten sie auch in der Realität aus dem Blickfeld und werden nicht mehr als solche wahrgenommen. Damit bleiben wir weiterhin im herrschenden Opferdiskurs stecken, weil er nicht aufgedeckt, sondern durch Interpretation noch vertuscht und verschleiert wird. Es bleibt dabei: Opfer/Repressionen scheinen unumgänglich auf dem Weg zur Erlösung und Befreiung.

Zeichen des Widerstands

Im Anschluß an die befreiungstheologische Interpretation der Kreuzigung Jesu wurde in den letzten zwei Jahrzehnten vor allem in politisch engagierten Kreisen in Europa vom Kreuz als Zeichen des Widerstands gesprochen. Das Kreuz wurde von Widerständigen auch mitgetragen und hundertfach aufgerichtet: z.B. im Hunsrück, um gegen die Stationierung von Mittelstreckenraketen zu protestieren. Aber ist das Kreuz ein Zeichen des Widerstands?

Kreuzigung – Machtdemonstration der Herrschenden

Die Kreuzigung Jesu und damit auch das Kreuz sind Zeichen für das Handeln des römischen Regimes und anderer Machthaber, die sich entschieden haben, Menschen auf diese Art und Weise zu beseitigen (→ Schottroff). Das Kreuz ist ein Zeichen der Machtdemonstration der Herrschenden und ihres Umgangs mit Menschen, so wie es die Scheiterhaufen der Inquisition, das Fallbeil der Französischen Revolution, die Brennöfen und Gaskammern der Konzentrationslager des Naziregimes, die Folterkammern der lateinamerikanischen Militärdiktaturen der 60er und 70er Jahre, die Giftspritze oder der elektrische Stuhl der USA und wie die Hinrichtungsinstrumente in all den Ländern sonst noch heißen, auch sind. Bei all diesen Instrumenten der gewalttätigen Machtdemonstration kommen wir nicht auf die Idee, sie als Zeichen des Widerstands zu interpretieren.

Warum wird das Kreuz, das Hinrichtungsinstrument der römischen Besatzungsmacht, an dem Tausende von Frauen und Männern jüdischer Herkunft und anderer besetzter Länder umgebracht wurden, zum Zeichen des Widerstands umgedeutet?

Sicher haben Jesus und seine Freundinnen und Freunde auf eine bestimmte Art Widerstand geleistet gegen das römische Imperium – auch wenn sie nicht direkt zu den politischen Umstürzlern zu zählen sind. Aber ich denke, der gewichtigere Grund liegt darin, daß wir von der theologischen und liturgischen Tradition her daran gewöhnt sind, das Kreuz positiv zu deuten, als Zeichen der Erlösung und des Heils, so daß es schwer fällt, es als Zeichen der Repression und der Gewalt von Herrschenden stehen zu lassen. Wir kommen allerdings nicht an der Tatsache vorbei, daß das römische Regime neben den Auf- und Widerständigen auch „normale Verbrecher" gekreuzigt hat. Ist das Kreuz auch in bezug auf sie Zeichen des Widerstands? Kaum, und dies macht deutlich, daß nicht das Kreuz an sich Zeichen des Widerstands ist, sondern das, was wir mit ihm verbinden.

Widerständiges Erinnern

Wir können und müssen nach der Realität fragen, die hinter den Kreuzigungen steht: Warum greift ein Imperium zu solchen brutalen, drastischen und öffentlichen Inszenierungen der Macht? Offenbar, um seine Machtposition immer wieder zu festigen und allen, die daran zweifeln, mit den Kreuzigungen einzurichten: Erkennt, so ergeht es allen, die sich den Vorstellungen der Herrschenden nicht beugen. Wir können folgern, daß dort, wo Menschen gekreuzigt werden, eine Notwendigkeit besteht, die Macht der Herrschenden zu beweisen. Und wo die Macht demonstriert werden muß, ist sie in Frage gestellt, dort ist Widerstand vorhanden.

Allerdings werden deswegen nicht das Kreuz oder die Gaskammer zum Zeichen des Widerstands! Diese bleiben Zeichen und Ausdruck der Gewalttätigkeit eines Regimes. Nicht das Kreuz, sondern unser Dahinterschauen, Nachfragen und Erinnern ist Zeichen des Widerstands – und das, was die hingerichteten Menschen getan haben, bevor sie von den Mächtigen gekreuzigt und beseitigt wurden. Das Erinnern dessen, was mit ihrer Hinrichtung zum Schweigen gebracht werden sollte, das Erinnern der Gekreuzigten und das Zur-Rechenschaft-Ziehen der verantwortlichen Gewalttäter sind Zeichen des Widerstands, aber nicht das Kreuz.

Wenn das Kreuz zum Zeichen des Widerstands umgedeutet wird, wird die Gewalt der Herrschenden ebenso unsichtbar gemacht, wie in der Deklaration als Konsequenz des Engagements: Das Zeichen der Gewaltausübung der herrschenden Gewalttäter wird nicht mehr als solches benannt und die Gewalt nicht angeklagt. Für mich entspringt diese Umdeutung auch aus einer gewissen Verlegenheit: Weil kein anderes Zeichen griffbereit ist, um den Widerstand zu signalisieren, wird das Kreuz herangezogen. Ich denke aber, daß wir Zeichen des Widerstands finden müssen, die als solche verständlich sind und nicht erst umgedeutet werden müssen.

Schlußgedanken

Es ist m.E. höchste Zeit, daß wir aus der Normalität des Opferdiskurses ausbrechen, nicht nur, weil er im theologischen Bereich verheerende Gottesbilder und zerstörerische menschliche Verhaltensweisen tradiert, sondern – und dies ist der gewichtigere Grund – weil er im alltäglichen Verhalten zu einer Art kulturellem Unbewußten geworden ist, auf dessen Boden in verschiedenen wirtschaftlichen und politischen Bereichen Opfer als normal oder zumindest unumgänglich akzeptiert werden.

Im folgenden will ich einige der vordringlichen Schritte kurz skizzieren, die nötig sind, um aus dem Opferdiskurs auszusteigen.

- Wir müssen die Realität der Kreuzigung ernst nehmen und das Kreuz als das benennen, was es war, nämlich ein öffentliches Hinrichtungsinstrument, das die Macht des Regimes demonstrieren und die Unterworfenen einschüchtern sollte. Wo das Kreuz, die Kreuzigungen nicht in dieser Weise sichtbar gemacht werden, wird – ohne es absichtlich zu wollen – an der Vertuschung und Aufrechterhaltung der Gewalt der Mächtigen mitgearbeitet. Im Interesse, den in der Gesellschaft meist unbewußten, aber sehr wirksamen Opferdiskurs zu unterbrechen oder mindestens zu stören, können und dürfen wir nicht mehr vom Kreuz als Zeichen des Widerstands, als Konsequenz des Engagements für Gerechtigkeit, als Hingabe an göttliche Heilspläne oder als notwendiges Opfer zur Erlösung der Menschen reden. Wir müssen die Realitäten benennen und nicht umdeuten. Diese Umdeutungen beschönigen und vertuschen die Realität – immer im Interesse der Herrschenden, damit auch die Opfer einstimmen in den Opferdiskurs und die Opferlogik akzeptieren. Es ist im Interesse der Herrschenden, daß wir das kulturelle Unbewußte nach wie vor nicht durchschauen, sondern daß es weiterhin unsere Wahrnehmung bestimmt, uns nicht protestieren läßt gegen diese allgegenwärtige Akzeptanz von Opfern und Verschleierung der Gewalt.
- Anstatt die Gewalt der Herrschenden zu vertuschen, geht es darum, sie zu benennen und die Herrschenden gleichzeitig für ihre Entscheidungsfreiheit und Verantwortung in die Pflicht zu nehmen. Es sind keine Sachzwänge und es ist keine „Logik der Macht", die sie zu befolgen haben. Sie allein sind verantwortlich für die Repressionen und Gewaltausübung. Wenn wir nicht auf ihrer freien Entscheidungsmöglichkeit beharren und sie für die getroffenen Entscheidungen zur Rechenschaft ziehen, sondern schon im voraus mit Repressionen rechnen, bleiben wir dem Opferdiskurs verhaftet. Wir müssen darauf bestehen, daß Herrschende sich auch anders entscheiden können. Sie sind weder einem äußeren noch inneren Zwang ausgeliefert, noch können sie ihre Entscheidungen mit dem egoistischen menschlichen Wesen entschuldigen oder rechtfertigen.
- Wenn wir den gängigen Opferdiskurs durchbrechen wollen, gilt es, das, was uns als Normalität vorgegeben wird, zu hinterfragen und als von

Menschen geschaffene Normalität zu entlarven, die bestimmte Interessen durchzusetzen hilft. Es ist im Interesse der Herrschenden, daß wir schon im voraus mit ihren Repressionen rechnen. Sie müssen sich nicht mehr rechtfertigen, weil wir ihre Gewalt schon als normal akzeptiert haben. Diese von Menschen geschaffene „Normalität" läßt sich aber auch von Menschen verändern, denn sie ist weder in unseren Genen festgeschrieben, noch entspricht sie irgendeinem Schöpfungsplan Gottes.

• Wir werden auch verschiedene Zeichen suchen müssen, die Widerstand sichtbar machen ohne lange Umdeutungen und vor allem, ohne die Gewalt zu verschleiern, die Menschen zu Opfern macht. Die Tauglichkeit und Tragfähigkeit solcher Zeichen stehen nicht von vornherein fest, sondern werden sich in der Befreiungspraxis erweisen müssen.

Wenn ich die positiven Umdeutungen der Kreuzigung Jesu kritisiere und für uns als lebensbedrohend, weil Opfer fördernd ablehne, werde ich des öfteren mit dem Vorwurf konfrontiert, das Kreuz verdrängen und abschaffen zu wollen. Dem ist aber nicht so. Das Kreuz bleibt in dem, was es ist – Machtdemonstration von Herrschenden –, ein wichtiges Zeichen, das die Opfer verschiedenster Gewaltregimes sichtbar macht. Es kann uns zum Widerstand herausfordern – immer im Wissen darum, daß Herrschende auf Widerstand sowohl mit Repression als auch mit Verhandeln und Einlenken reagieren können – je nachdem, wie sie sich entscheiden. Der größte Dienst, den wir den Opfern erweisen können, liegt nicht in einer positiven Deutung ihres Opfers, sondern darin, die Normalität des gängigen Opferdiskurses zu durchbrechen, aus dessen Narkosewirkung aufzuwachen und der Gewöhnung an Opfer abzusagen.

Literatur

Franz J. Hinkelammert, Der Glaube Abrahams und der Ödipus des Westens. Opfermythen im christlichen Abendland, Münster 1989.
Jürgen Moltmann, Der Weg Jesu Christi, München 1989, v.a. 194 ff.
Dorothee Sölle, Gott denken, Stuttgart 1990, v.a. 170 ff, wo sie Bezug nimmt auf den nicaraguanischen Befreiungstheologen Miguel d'Escoto.
Regula Strobel, Feministische Kritik an traditionellen Kreuzestheologien, in: Vom Verlangen nach Heilwerden. Christologie in feministisch-theologischer Sicht, Doris Strahm; Regula Strobel (Hg.), Fribourg–Luzern 1991, 52–64.

Erlösung und Heil

Heil und Erlösung sind eng miteinander verbundene Vorstellungen, die das Zentrum des Christentums als Erlösungsreligion berühren. In der theologischen Fachsprache entfalten Begriffe wie Rechtfertigung, Versöhnung, Sündenvergebung und Gnade das Heils- bzw. Erlösungsgeschehen. In der herkömmlichen christlichen Dogmatik werden Heil und Erlösung ausschließlich auf das Handeln Gottes durch Jesus Christus bezogen: „Ohne Christus gibt es und gäbe es für Menschen und Welt kein Heil und damit auch nicht die erfüllende Gänze, die sie erhoffen." (Seils 1985, 625)

Die Kirchen- und Theologiegeschichte hat die Bedeutung dieses Heilshandelns in unterschiedlicher Form begriffen. In der Alten Kirche wurde der besondere Akzent darauf gelegt, daß sich Gott in Jesus Christus inkarniert habe, d.h. Mensch geworden sei. Nur weil Jesus Christus wahrer Mensch und wahrer Gott gewesen sei, habe er den Menschen den Zugang zum göttlichen Heil ermöglicht. Die mittelalterliche Theologie bezog sich dann zwar weiterhin auf die Vorstellung, daß Gott mit der Inkarnation in Jesus Christus seinen Heilswillen gezeigt habe, das eigentliche Heilsgeschehen seien jedoch sein Kreuzestod und die → Auferstehung gewesen. Einen besonderen, bis in die Gegenwart hineinwirkenden Einfluß hatte die Theologie von Anselm von Canterbury (1033–1109), der mit seiner Satisfaktionslehre deutlich zu machen versuchte, warum Gott Mensch werden mußte. Anselm geht davon aus, daß der Ungehorsam und die Sünden der Menschen die Schöpfungsordnung zerstört und damit die Ehre Gottes verletzt haben. Gott wolle die Menschen aber nicht strafen, d.h. dem Untergang preisgeben, sondern werde in Jesus Christus Mensch, um die Schuld selbst auf sich zu nehmen. Aber nicht in seinem Leben und seinem Gehorsam könne er die angemessene Genugtuung leisten, sondern allein durch seinen Tod, den er freiwillig auf sich genommen und damit die Sünden der Menschen aufgewogen habe. Durch diese stellvertretende Genugtuung seien die Menschen wieder mit Gott versöhnt und hätten Zugang zu göttlichem Heil.

Der zentrale Gedanke Anselms, daß der Tod am Kreuz für das Heil der Menschen notwendig war, wird auch in der gegenwärtigen Diskussion vertreten, zum Teil in abgewandelter Form. So heißt es in einem aktuellen Lehrbuch zur Dogmatik, das viele Theologiestudierende zur Vorbereitung auf ihr Examen verwenden: „Weil Gnade immer Gnade durchs Gericht und nie billige Gnade ist, ist die Vorstellung von der satisfactio Christi am Kreuz theologisch unverzichtbar ... Das Kreuz ist kein Religionsstifteremblem, sondern Heilsereignis, und zwar Heilsereignis nur dadurch, daß Christus diesen Verbrechertod auf sich nahm, den wir verdient haben. Was sollte es sonst für einen Sinn haben? Hätte es nicht diesen Sinn, dann wäre es überflüssig, und Gott hätte auf mühelosere Weise – etwa durch ein Wort der Vergebung – die Erlösung bewerkstelligen können." (Pöhlmann 1990, 234) Um den Heilswillen Gottes, der sich im Kreuz und in der Auferweckung Christi zeige, deutlich zu machen, wird in der theologischen Diskussion vielfach die Verkündigung Jesu mit in das Heilsgeschehen einbezogen. Martin Seils führt dies in seinem Artikel „Heil und Erlösung" in der Theologischen Realenzyklopädie (TRE) folgendermaßen aus: „Die in seinem Verhalten ausgelegte ‚Reich-Gottes'-Verkündigung Jesu führt auf den Kreuzestod hin und wird durch seine Auferweckung bestätigend in universale Bezüge hineingeführt. Der Kreuzestod Jesu wird durch zentrale Züge seiner ‚Reich-Gottes'-Verkündigung vorweg verstehbar gemacht und steht mit ihr in ursächlichen heilsgeschichtlichen Zusammenhängen; er wird durch die Auferweckung zum letzten Sinn des Lebens Jesu deklariert und als gottgewolltes Heilsgeschehen erläutert." Heil meint in diesem Zusammenhang die Verkündigung Jesu, die eine besondere Beziehung zu Gott ermöglicht und letztlich zielgerichtet an das Kreuz führt. Die Auferweckung wird dann als endgültige Bestätigung seines Verhaltens durch Gott betrachtet. Das Kreuz wird in diesem Denken zu einem unverzichtbaren Punkt der Heilsgeschichte.

Ernst Bloch äußerte bereits 1968 grundsätzliche Kritik an einer solchen Vorstellung, die Gott implizit zu einem Herrscher macht, der des (frei-

willigen) Todes Jesu bedürfe und den brutalen Gewaltakt der Kreuzigung theologisch legitimiert: „Es sollte sich die sogenannte *Geduld des Kreuzes* sanktionieren, die den Unterdrückten so empfehlenswerte, den Unterdrückern so bequeme, und insgesamt der bedingungslose *Gehorsam vor der Obrigkeit schlechthin,* als der von Gott seienden. Ja noch jede Theologie der Hoffnung, die sich mit an die Spitze des Verändernden, Neuen stellen möchte, macht sich ebenso wieder konform, indem sie, mit genehmer Passivität, der Hoffnung Jesu vor und bis zum Kreuz gerade die Spitze abbricht." (1980, 224) Feministische Theologie knüpft an diese Kritik an und richtet sich insbesondere gegen das in traditioneller Kreuzestheologie vermittelte hierarchische Gottes- und Menschenbild und die Vorstellungen von Erlösung, die darauf basieren, daß einer für das Wohl anderer leiden und sterben müsse (vgl. Strobel 1991, 52ff). Ein Gewaltakt politischer Machthaber dürfe nicht länger als Quelle unseres Heils interpretiert werden, es müsse ein neues Reden von Erlösung entwickelt werden. Kritisch gefragt wird außerdem, ob die Vorstellung, daß Heil und Erlösung exklusiv auf Gottes Handeln in Jesus Christus bezogen sind, nicht implizit andere Religionen und insbesondere das Judentum abwerte (vgl. Severin-Kaiser 1998). Eine Verengung auf das Geschehen am Kreuz werde zudem biblischen Vorstellungen umfassenden Heils nicht gerecht. Auch in der Hebräischen Bibel wird von Gottes erlösendem Heilshandeln an den Menschen erzählt – wie verbindet sich das mit der Vorstellung, daß allein durch Christus Heil und Erlösung erlangt werden könne?
Ein Blick in die Bibel zeigt, daß der Begriff der Erlösung vielfältig verwendet wird und sich vor allem auf das geschichtliche Heilshandeln Gottes bezieht. Im Ersten Testament findet er sich z.B. im Zusammenhang von Ausführungen über das Rückkaufrecht des Landes, das grundsätzlich als Eigentum JHWHs verstanden wurde. Das Auslösen verpfändeten Landes soll in jedem fünfzigsten Jahr, dem Jubeljahr, vonstatten gehen (vgl. Lev 25,29). Auch für israelitische SklavInnen fremder HerrInnen im Lande soll es ein solches Loskaufrecht geben (vgl. Lev 25,48). Ps 111,9 verbindet Erlösung mit dem Bundesgedanken und bezieht sie auf das ganze Volk. Aus dem Zusammenhang des Psalms wird deutlich, wie die erhoffte Erlösung konkret aussieht: V. 3 verspricht, daß Gerechtigkeit walten wird, V. 5 verheißt ausreichend Nahrung für die Menschen, V. 6

spricht Israel eine Sonderrolle unter den Völkern zu. Die Erlösung, die Gott gewährt, wird es den Menschen ermöglichen, ein Leben nach den Geboten Gottes zu führen (vgl. V. 7). Aus diesem kurzen Überblick wird deutlich, daß Erlösung oder das Auslösen des Volkes durch die Vorstellung bestimmt ist, daß Israel als Volk durch den Bund in besonderer Weise zu Gott gehört (vgl. Jes 43,1; 41,14). Auslösung aus der Herrschaft der fremden Völker bedeutet besonders in den späten Texten die konkrete Befreiung von den Feinden (vgl. Jes 43,14). Auch im Zusammenhang der Erlösung von den → Sünden (vgl. Ps 130,7) wird diese nie nur individuell verstanden. Erlösung hat in der ersttestamentlichen und jüdischen Tradition ganz konkrete, auf die Gemeinschaft bezogene Dimensionen, die im politischen und sozialen Bereich Befreiung der unterdrückten und leidenden Menschen bedeuten. Besonders anschaulich ist dies in der Exoduserzählung, in der eine Reihe von Erlösungs- und Rettungsmotiven eine zentrale Rolle spielt. In der Prophetie gewinnen die Bilder von Befreiung dann auch eschatologische Dimensionen, deren konkreter Gegenwartsbezug jedoch bestehen bleibt. Die Vorstellung des Völkerfriedens am Zion ist ein Beispiel dafür, wie das endzeitliche Heil sich von Israel aus auf die ganze Welt erstreckt (vgl. Jes 2,2ff; Lk 2,30ff).

Der Begriff der Erlösung spielt in der jüdischen Geschichte eine zentrale Rolle, „die Sehnsucht und die Erlösungshoffnung gehören zum Grundgehalt des jüdischen Glaubens, der im Leben des Volkes allezeit *lebendig* ist […] Man wird kaum ein Buch aus der Zeit des zweiten Tempels finden, das der Erlösungshoffnung keinen Raum gewährte und das nicht irgendeinen originellen Beitrag zur Lehre von der Erlösung zu bieten hätte, sei es der Tag des Messias selbst oder auch der Zeit, die nach seiner Ankunft herrschen wird." (Safrai 1978, 45) Der Anbruch des Reiches Gottes, die Erlösung, wird für die unterdrückten Menschen konkrete innerweltliche Veränderungen bedeuten. Die ungerechte Herrschaft der eigenen Machthaber und die der Besatzer wird ein Ende haben (vgl. Lk 1,46–55). Gottes Gericht bedeutet für die Menschen, die unter ihrer Herrschaft leiden, die Aufrichtung von Recht und Frieden. Diese Hoffnung auf ein unmittelbar bevorstehendes Ende und den Eintritt in das Gottesreich war immer auch mit der Vorstellung der Aktivität und dem Tun Israels und der einzelnen Menschen verbunden. „Die Enderwartung führte zu einer geistig-gesellschaftlichen und einer gesellschaftlich-politischen Gärung und bildete den Sauerteig für zahlreiche soziale und politische Bewegungen während der ganzen Periode des zweiten Tempels, vor und nach der Zerstörung desselben, im Lande und in der Zerstreuung." (Safrai 1978, 47) Auch das Neue Testament spricht nicht in einem individuellen Sinne von Erlösung, die Aussagen über Heil, Heilung, Rettung, Befreiung und Erlösung sind fast ausschließlich im Plural formuliert. In vielfältigen Formen bringen die Menschen Erfahrungen des Heils und der Befreiung zum Ausdruck: Sie sprechen von körperlicher Heilung (vgl. Mk 5,28f; Lk 8,36; 13,12), von Gemeinschaft (vgl. Apg 2,47) und Gerechtigkeit (vgl. Röm 3,24; 1 Kor 1,30), die unter ihnen Wirklichkeit geworden sind. Die Befreiung des Volkes von ungerechter Herrschaft wird als Zeichen des anbrechenden Reiches Gottes besungen und verkündigt: im Lobgesang der Maria (Lk 1,46–55), in der Rede der alten Prophetin Hanna (Lk 2,38), im Lied des Zacharias (Lk 1,68–79; vgl. auch 24,21). Luise Schottroff macht deutlich, daß der Kontext, in den hinein diese Aussagen über Erlösung und Befreiung gesprochen werden, beachtet werden muß, um sie nicht mißzuverstehen: „Die Aussagen über die Exklusivität Gottes und Christi enthalten nichts von Herrschaftsanspruch über andere Völker und ihre Götter, sondern die Begeisterung darüber, der tödlichen Herrschaft von Dämonen, Göttern und Herren entrinnen zu können. Es ist nicht die Sprache der Herrschaft, auch nicht die Sprache von Dogmatikern und Philosophen, es ist die Sprache des Gotteslobes, der Gottesliebe und der Freude über die Nähe Gottes, die der Messias Jesus erfahrbar macht." (1997, 83) Der sozialgeschichtliche Ort dieser Bekenntnisse ist die Lebenspraxis von Juden, Jüdinnen und ChristInnen in ihrem Widerstand gegen das Römische Reich, in ihrem Ringen um das Überleben. Sie erzählen in Form von mythologischen Bildern und Metaphern über ihre Erfahrungen der Befreiung und setzen den römischen Besatzern ihr Bekenntnis zu Christus als ihrem Erlöser und Retter entgegen: „Die Macht in dieser Welt hält nicht der Kaiser in Rom in seiner Hand, singen sie, sie ist in den Händen des Zimmermanns aus Nazaret, der in Jerusalem von den Römern gekreuzigt wurde." (Schottroff 1991, 88 zu Kol 1,15–20)

In der Vielfalt der Bekenntnisse findet sich auch die Aussage, daß Jesus Christus die Menschen mit seinem Blut erlöst habe (vgl. Apg 1,5; Röm 3,24; Eph 1,7; Hebr 9,12). Diese Formel ist im Zusammenhang jüdischer Märtyrertheologie zu verstehen als nachträgliche Deutung eines Geschehens, das auch im Verständnis der ersten ChristInnen eine grausame Gewalttat ohne Heilsbedeutung war. Das Kreuz wird nicht als notwendige Station der Heilsgeschichte angesehen, sondern im Nachhinein auf dem Hintergrund kultischer Vorstellungen gedeutet, die davon ausgehen, daß durch das Blut von MärtyrerInnen die Macht der Feinde gebrochen und das Lebensverhältnis des Volkes zu Gott wiederhergestellt wird (→ Schottroff). Daß Christus uns mit seinem Blut erlöst hat, ist ein Bekenntnis, das die → Auferstehungserfahrungen der Menschen in Worte faßt: Sein Tod hat nicht das Ende des Reiches Gottes bedeutet, die Kraft Gottes ist stärker als der Tod. Sie befreit zu Freiheit und Solidarität: „Also schätzen wir von jetzt an niemand nur nach menschlichen Maßstäben ein; auch wenn wir früher Christus nach menschlichen Maßstäben eingeschätzt haben, jetzt schätzen wir ihn nicht mehr so ein. Wenn jemand in Christus ist, dann ist er/sie eine neue Schöpfung, Neues ist geworden." (2 Kor 5,16f) So werden die Menschen in den Gemeinden Gesandte an Christi statt, zu MitarbeiterInnen Gottes, denn „jetzt ist sie da, die Zeit der Gnade; jetzt ist er da, der Tag der Rettung" (6,2). Die Sicherheit, Befreiung erfahren zu haben und weitergeben zu können (vgl. auch 1 Kor 9,22; 7,16), gibt die Kraft zum Überleben in Zeiten der Not und Angst, im Gefängnis und bei der Arbeit. Aus diesen Worten des Paulus wird deutlich, daß Erlösung sowohl Zuspruch und Geschenk ist („eine neue Schöpfung sein"), als auch ein Geschehen, das sich in der Lebenspraxis der Menschen realisiert, die zu MitarbeiterInnen Gottes an der Erlösung der Welt werden. Der „Tag der Rettung" ist da, auch wenn Not und Bedrängung – die faktische Erlösungsbedürftigkeit der Welt – übermächtig zu sein scheinen. Die Kraft *(dýnamis)* Gottes ermutigt dazu, Widerstand zu üben und für das Leben und Gerechtigkeit zu arbeiten (2 Kor 6,7).

Erlösung wird in neutestamentlichen Texten als Prozeß beschrieben, als Weg (vgl. Apg 16,17) und Kampf (vgl. 1 Thess 5,8.9; Eph 6,17), vor allem aber als gemeinschaftliches Geschehen (vgl. Röm 1,16; 10,1.10; 13,11; Phil 1,28; Jud 3), das Heilung und Befreiung in einem ganzheitlichen, Körper, Gesellschaft und den ganzen Kosmos umfassenden Sinn bedeutet. An dieses ursprüngliche Verständnis knüpfen neuere feministisch-theologische Entwürfe an und beschreiben Erlösung als kooperativen fortlaufenden Prozeß, der die Vielfalt historischer Bedingungen miteinbezieht. Nicht nur Jesus besitze den erlösenden Geist Gottes – *dýnamis* –, Erlösung sei ein Beziehungsgeschehen, das andauere. Erlösung sei ein fortlaufender Prozeß, „der historisch weder begonnen noch abgeschlossen wurde in Leben, Tod und Auferstehung Jesu" (Heyward 1996, 36f). Die *dýnamis* Gottes ermächtige uns, Verantwortung zu übernehmen und im Namen Gottes zu handeln. Dazu gehört eine Analyse der jeweiligen gesellschaftlichen und persönlichen Bedingungen, um zu ermitteln, was in einer besonderen Situation erlösend oder befreiend ist, und daraufhin zu handeln. „In einer Praxis relationaler Partikularität würden wir entdecken, daß das, was nicht befreit, d.h. was aus christlicher Sicht nicht ‚christusgemäß' ist, oft gerade das ist, was die christlichen Kirchen am ehesten mit Jesus/Christus assoziiert haben." (Heyward 1996, 38)

Ganzheitliches Heilwerden umfaßt soziale, politische, ökologische und körperliche Dimensionen, die die einzelnen Menschen in ihren gesamten Beziehungen betreffen. Erlösung ist keine individuelle Angelegenheit, auch wenn das körperliche und seelische Heilwerden einzelner Frauen, Männer und Kinder einen wichtigen Stellenwert einnimmt. Für Rita Nakashima Brock ist die Gemeinschaft, in der Gegenseitigkeit und heilende Beziehung Wirklichkeit werden, der Ort erlösender Macht in Verbundenheit, den sie Christa/Community (Christa/Gemeinschaft) nennt. Heil und Erlösung geschehen im Miteinander, im Ringen um gerechte Verhältnisse und in der Arbeit für das Leben, getragen von der *dýnamis*, der göttlichen Kraft, die in den Menschen wirksam ist. Erlösung ist in diesem Sinne Geschenk Gottes, Heilwerden setzt aber auch das eigene Beteiligtsein voraus und ruft in die Verantwortung. „Erlösung gibt es nicht im Delegationssystem, in dem unbeteiligte Zuschauer(innen) davon profitieren, was andere – große Frauen und Männer, Heldinnen und Helden, Erlöser(innen), Befreier(innen) – für sie erledigt haben. Erlösung ist ein Prozeß, in den alle miteinbezogen sind. Für das Mitwirken an diesem Prozeß brauchen wir keine perfekten Menschen, keine Heldinnen und Helden zu sein. Wir sind, so wie wir sind, genug, einander solidarisch beizustehen und uns auch immer wieder befreien zu lassen von anderen." (Strobel 1999, 79)

Literatur

Ernst Bloch, Atheismus im Christentum. Zur Religion des Exodus und des Reichs, Frank-furt/Main 1980 .

Rita Nakashima Brock, Journeys by Heart. A Christology of Erotic Power, New York 1988.

Mary Grey, Jesus – Einsamer Held oder Offenbarung beziehungshafter Macht, in: Vom Ver-langen nach Heilwerden. Christologie in feministisch-theologischer Sicht, Doris Strahm; Regula Strobel (Hg.), Fribourg–Luzern 1991, 148–171.

Carter Heyward, Eine feministische Befreiungschristologie jenseits des „Jesus der Geschichte" und des „Christus des Glaubens". Eine methodische Untersuchung, in: Ihr aber, für wen haltet ihr mich? Auf dem Weg zu einer feministisch-befreiungstheologischen Revision von Christologie, Renate Jost; Eveline Valtink, (Hg.), Gütersloh 1996, 29–41.

Elisabeth Moltmann-Wendel, Art. Heil/Heilung, in: Wörterbuch der Feministischen Theolo-gie, Elisabeth Gössmann u.a. (Hg.), Gütersloh 1991, 181–183.

Horst Georg Pöhlmann, Abriß der Dogmatik. Ein Kompendium, 5. überarb. Aufl. Gütersloh 1990.

Shmuel Safrai, Das jüdische Volk im Zeitalter des Zweiten Tempels, Neukirchen 1978.

Luise Schottroff, Ist allein in Christus Heil? Das Bekenntnis zu Christus und die Erlösung (Kol 1,15–20), in: Antijudaismus im Neuen Testament? Grundlagen für die Arbeit mit biblischen Texten, Dagmar Henze u.a., Gütersloh 1997, 79–89.

Martin Seils, Art. Heil und Erlösung IV, in: TRE Bd. 14, Berlin–New York 1985, 622–637.

Martina Severin-Kaiser, Ist Christus für uns am Kreuz gestorben?, in: Ich glaube an den Gott Israels. Fragen und Antworten zu einem Thema, das im christlichen Glaubensbekenntnis fehlt, Frank Crüsemann; Udo Theissmann (Hg.), Gütersloh 1998, 72–75.

Regula Strobel, Feministische Kritik an traditionellen Kreuzestheologien/Das Kreuz im Kontext feministischer Theologie. Versuch einer Standortbestimmung, in: Vom Verlan-gen nach Heilwerden. Christologie in feministisch-theologischer Sicht, Doris Strahm; Regula Strobel (Hg.), Fribourg–Luzern 1991, 52–80.182–193.

Regula Strobel, Gekreuzigt für uns – zum Heil der Welt? Die christliche Opfertheologie und ihre unheilsamen Folgen, in: NZZ Nr. 77 (1999) 79.

Claudia Janssen

Benita Joswig

Kreuzigung und Augensinn Blickstrategien im Spannungsfeld von Theologie und Kunst

Das Auge ist eines der wichtigsten Sinnesorgane. Das, was wir sehen, sind Reize, die von den Sinneszellen im Auge aufgenommen werden.

„Wenn die Sinneszellen im Auge gereizt werden, wird dem Gehirn eine Nachricht übermittelt. Man nennt eine solche Nachricht Information. Das Gehirn wertet die verschiedenen Informationen aus und übersetzt sie in Wahrnehmungen. Wenn das Gehirn viele Informationen erhält, nimmt man ein Bild wahr." (Westermann 1983, 182)

Der Körper ist beim Sehen beteiligt. Er reagiert auf *Informationen*. Unsere Organe und Muskeln sind in Bewegung, in kleinerer oder größerer Anspannung. Der Körper sieht mit. Der Körper empfindet, wenn wir sehen, und die Seele spürt das, was wir sehen. Ich frage zunächst, was es heißt, Bilder der Gewalt und des unrechten Todes anzusehen.

Für Körper und Seele geraten solche Bilder immer an Grenzen des Erkennens. Sie sind nicht zu verarbeiten, die scharfen Stöße, das kurze Zucken, der grausame Tod. In der christlichen Kultur sind wir jedoch darauf konditioniert worden, einen toten, gekreuzigten Körper anzusehen. Wir sind geübt darin, hinzuschauen, ohne zu empfinden. Die intuitive Regung, den Blick abzuwenden, die Hände vor das Gesicht zu schlagen, ist verkümmert. Der oben zitierte Text aus einem Biologieschulbuch definiert das menschliche Auge als ein Wahrnehmungsinstrument, das mit Hilfe des Gehirns *sieht*. Die seelische und körperliche Empfindsamkeit beim Vorgang des Sehens wird nicht benannt, und der Sinn des Sehens bleibt in solchen Erklärungen unerkannt. Die Gewohnheit bewirkt, daß auf Leid und Tod geschaut wird – ohne mit der Wimper zu zucken. Der Glaube, daß im Tod eines Gekreuzigten → Erlösung liegen soll, ist nicht zu verarbeiten, weder körperlich noch seelisch.

Schonungslos reizt die Medien- und Informationsgesellschaft Augen und Nerven. Menschen sind Nervenbündel und empfindsame Geister. Die *Reaktion,* die körperliche und seelische Fähigkeit zu reagieren, versinkt in einem Blick, der ein gespaltener ist. Das heißt, sehen bedeutet immer auch erkennen und kann zu aufbegehrendem Handeln führen. Wird unser Sehen jedoch instrumentalisiert und überreizt, fühlen wir nicht mehr, daß wir sehen, und wir erkennen auch nicht mehr, obwohl wir hinsehen. Wir *sehen* das Kreuz mit dem Gekreuzigten. Wir erinnern uns an Kreuze, an den Gekreuzigten, der auf unterschiedlichste Art und Weise durch die Jahrhunderte immer wieder ans Kreuz genagelt wurde: In Gips gegossen, in Holz geschnitzt, in Stein gehauen, in Zinkplatten geätzt und geritzt, gezeichnet, gemalt und gedruckt reproduzierten Künstler und Künstlerinnen ein Geschehen, das wie jede gewalttätige Handlung nicht nachgestellt werden kann. Es bleibt die Abbildung, die Nachahmung bis hin zur Abstraktion eines Barnett Newman, der mit seinen Kreuzweg-Stationen in den siebziger und achtziger Jahren dieses Jahrhunderts dem Kreuzigungsgeschehen einen Ausdruck geben will (Barnett Newman, Kreuzweg-Stationen, 1966–1985, New York).

Die Gegenwart ist unmittelbarste Zeugin im Moment der Ohnmacht, des Schlags, der schnellen oder langsamen Folter. Keine Dokumentarfotografie, kein Dokumentarfilm kann mit ihr konkurrieren. Bildausschnitte in Fernsehen oder Zeitung, in welchen mißhandelt, gefoltert und getötet wird, bleiben für die, die *hinsehen,* Bilder – Bildinformationen – vermittelt durch ein fremdes Auge, das durch die Kamera geschaut hat und den Bildausschnitt bestimmte, die Perspektive festlegte. Mit im Blick ist dennoch unsere eigene spezifische Wahrnehmung, die von persönlichen Erfahrungen, kulturellen Hintergründen und gegenwärtigen Zeitumständen geprägt ist. Wir sind trainiert darauf, gewalttätige Bilder zu sehen, zu ordnen, zu ver-folgen, sie mit unserem Wissen abzustecken und die Tode und das Sterben im unruhigen Rhythmus des Hin- und Wegschauens auszuhalten. Können wir sie *sehen* – diese Bilder vom Sterben und vom Tod?

Stehen wir heute vor Darstellungen des Gekreuzigten, die den bitteren und qualvollen Tod von Jesus mit künstlerischen Mitteln im Bild festhalten wollten und wollen, so stellt sich die Frage: Wie können wir auf diesen Gekreuzigten blicken? Und welchen Sinn macht es, einen toten Christus anzusehen? Ich spreche hier zunächst nicht von der reichen und vielfältigen Tradition der Kreuzigungsdarstellungen, in welchen immer wieder der Versuch unternommen wurde, Tod und Todesüberwindung am Kreuz mit künstlerischen Mitteln darzustellen. Kreuzigung und Auferstehung wurden hier in einer Christusfigur zeichenhaft zueinander in Beziehung gesetzt. Ich spreche von Darstellungen, die den zu Tode gebrachten Christus zeigen – schonungslos darauf hinweisen, daß er am Kreuz gestorben ist. Eine der eindrücklichsten und ältesten Großplastiken des Gekreuzigten, die einen toten Christus darstellt, ist das Gero-Kreuz im Kölner Dom (969–976), welches das Bild des Gekreuzigten im deutschsprachigen Kontext entscheidend mitbestimmt hat. Quälerei, Leiden und Tod sind in Eichenholz gehauen. Der Körper hängt schwer und schlaff nach unten – verdreht und ohne Symmetrie werden in dieser Figur Motive des Gekreuzigten vereinigt, die den toten Christus darstellen sollen (vgl. Imdahl 1996, 109).

Die Besonderheit dieses Kruzifixes wirkt, als ob der tote Christus sich einem unmittelbaren Anblick zu verweigern scheint, obwohl der Tod des Gekreuzigten in unerbittlicher Plastizität dargestellt ist. Das heißt, das Bildwerk hat in sich eine „Doppelwirkung", welche eine mögliche Annäherung an einen Gekreuzigten in Frage stellt (vgl. Imdahl 1996, 120).

Das Gero-Kreuz macht sichtbar, daß Schmerz und Leid, Tod und Entstellung menschlichen Lebens mit Blicken nicht zu beherrschen sind, daß er nicht zu begreifen ist, dieser Anblick des Toten am Kreuz, obwohl alles gezeigt wird, der Stich in die Seite, der aufgedunsene Bauch, das tote Gesicht, die leblosen Arme, die vom schweren Körper seltsam abgewinkelt am oberen Kreuzbalken hängen. Werkimmanent verdeutlicht dieses monumentale Kruzifix die Grenze, Leid, Gewalt und Tod darzustellen bzw. darauf zu blicken.

Jeder Blick auf Gekreuzigte, jegliche Art von Blickstrategien – diese *Bilder* anzusehen ist zwecklos, und wir *sehen* nichts, entwickeln wir nicht die Fähigkeit, eigenes und fremdes Leid zu empfinden. Aus der Perspektive der feministischen Sozialethikerin und Moraltheologin Beverly W. Harrison wurzelt alle Kraft, intellektuelle Kraft eingeschlossen, im Gefühl: „*Wahrnehmung* ist grundlegend für das *Begreifen*. Ideen hängen von unserer

Sinnlichkeit ab … Wenn wir nicht fühlen können, verlieren wir buchstäblich unsere Verbindung zur Welt … Wenn das Gefühl zerstört oder abgeschnitten ist, wird unsere Kraft, die Welt zu entwerfen, in sie hinein zu handeln, zerstört, und unsere Rationalität wird geschwächt … Auch unsere Kraft, die Welt zu schätzen, schwindet. Wenn wir nicht scharfsichtig unsere Gefühle wahrnehmen, oder wenn wir nicht wissen, was wir fühlen, können wir nicht wirksam moralisch handeln." (Harrison 1991, 17)

Leid und Tod im wirklichen Leben nicht zu ignorieren, nicht wegzuschauen und sich nicht auf eingespielte Wahrnehmungsmuster zu verlassen, kann bedeuten, den Gekreuzigten *sehen* zu können und den Glauben an die Verhinderung von Kreuzigungen nicht zu verlieren. Der Blick auf ein Kruzifix, sei es aus dem zehnten Jahrhundert wie das Gero-Kreuz, sei es aus unserer Zeit von Künstlerinnen und Künstlern wie Niky de Saint Phalle, Eva Vent oder Antonio Saura u.a., kann dann einen Sinn machen. Ansonsten paralysieren solche Anblicke, machen feige oder fördern einen Voyeurismus, der aus Gewalt einen Lustgewinn zieht.

Die Kreuzigung ist bis heute für Künstlerinnen und Künstler eine Herausforderung, sich sowohl mit der abendländischen Bildtradition auseinanderzusetzen, die das Motiv des Kreuzes auf sehr unterschiedliche Art und Weise immer wieder aufgegriffen hat, als auch einen eigenen Ausdruck zu finden, wie es möglich ist, Leiden, Gewalt, Tod, aber auch Todesüberwindung und Momente der → Auferstehung am Kreuz darzustellen. Das Thema „Kreuzigung" ist hierbei für die Kunstschaffenden eine Gratwanderung, welche einen aufwendigen und sensiblen Blick erfordert. Kunstwerke haben von daher immer auch den Blick und die Sicht auf die Welt geprägt und bestimmt. Kunstwerke beeinflussen uns, sie stellen Sehgewohnheiten in Frage, sie brechen Blicktraditionen auf, stellen die Welt auf den Kopf und setzen immer schon Gesehenes in ein anderes Licht. In der Kunst liegt die Möglichkeit, zu ungewohnten Kompositionen zu greifen und „Unbegreifliches fühlbar zu machen" (Hauskeller 1998, 93).

Seit geraumer Zeit erscheinen immer wieder theologische Veröffentlichungen, die sich insbesondere mit modernen und zeitgenössischen Darstellungen des Gekreuzigten oder des Kreuzigungsgeschehens auseinandersetzen (Rombold/Schwebel 1983; Mennekes/Röhring 1994). Besprochen werden größtenteils Kunstwerke von männlichen Künstlern. Es wird von seiten ebenfalls meist männlicher Theologen nur spärlich beachtet, daß es auch Werke von Künstlerinnen gibt, die sich der Thematik stellen. Die Künstlerin Ulrike Rosenbach ist eine von ihnen, die mit ihrem Werk „Verrückter Tanz" (1994) eine herausragende künstlerische Arbeit geschaffen hat, die das Thema Kreuz/Kreuzigung aufgreift.

Ulrike Rosenbach ist Performancekünstlerin und gehört seit den siebziger Jahren zur ersten Generation von Künstlerinnen, die angefangen hat, mit dem Medium Video zu experimentieren. Sie hat eine eigene künstlerische Formensprache entwickelt und ist wesentlich daran beteiligt, ein Stück zeitgenössischer Kunstgeschichte zu schreiben, von welcher vieles, was in der Aufbruchzeit erstmals erprobt wurde, inzwischen zum klassischen und gültigen Repertoire der Videokunst gehört. Ulrike Rosenbach arbeitet synkretistisch, indem sie Symbole, Allegorien und Metaphern klassischer Mythologie, des Christentums und fernöstlicher Religionen in ihre Arbeit aufnimmt und diese mittels neuzeitlicher Medien präsentiert. Zu Beginn ihrer Schaffenszeit griff sie in ihren Video-live-Aktionen überlieferte Weiblichkeitsmythen wie die der Venus, der Amazone oder der Madonna auf und entfremdete diese mittels ihrer Körperperformances. Immer wieder befragt sie die patriarchalisch geprägten Vorstellungen von *der Frau* und deren ikonographischer Manifestierung. Sie erstellt provozierende Mischwesen, wenn sie z.B. in ihrer Aktion „Reflexionen über die Geburt der Venus" die renommierte Botticelli-Venus mit ihrem eigenen Körper in Deckungsgleichheit bringt und somit das erotische Schönheitsideal der Frührenaissance verzerrt (Rosenbach 1978).

Die Technik, der Einsatz des eigenen Körpers und die ausgefeilte Infragestellung gewohnter Seh- und Denkmuster stehen in ihrer künstlerischen Arbeit in einem synthetischen Verhältnis. Ihre Arbeit gleicht sowohl inhaltlich als auch formal einem Blick durch ein Kaleidoskop, in welchem Winkelspiegelungen und bunte Steinchen beim Drehen immer neue Muster und Bilder entstehen lassen. Ulrike Rosenbach gelingt es, grundsätzlichen Fragen nach Leben und Tod, Werden und Vergehen, Mensch und Natur künstlerisch eine Form zu geben. Hierbei transportiert sie immer auch ihre eigenen Erfahrungen und ihre Welt-Sicht(-en). Ihre Sicht auf die Welt ist geprägt von einer pluralen und experimentierfreudigen Auseinandersetzung mit der eigenen Welt, den anderen Welten, mit den anderen Kulturen und den anderen Religionen. Sie widersetzt sich einer christlich-westlichen Absolutheitsperspektive, die nicht wagt, sich irritieren und befragen zu lassen.

„Verrückter Tanz" (1994) – eine Interpretation

Das Kreuz von Ulrike Rosenbach ahmt formal betrachtet ein Monumentalkreuz mit der Darstellung des Gekreuzigten nach, das in der Regel in den großen Kirchen zwischen Chor- und Gemeinderaum hing. Kreuz und zugehöriger Corpus Christi „schwebten" im Raum, mächtig und unnahbar, hoch oben. Ein viereinhalb Meter breites und sechs Meter hohes Holzkreuz, auf dessen Vorderseite siebzehn großformatige Farbfotografien montiert sind, nimmt den zur Verfügung stehenden Ausstellungsraum gänzlich ein. „Diagonal in Richtung einer Raumecke aufsteigend, liegt es auf dem Boden und berührt doch gleichzeitig kaum die Unterlage, so daß man für einen kurzen Moment den Eindruck hat, als würde es schweben." (Rosenbach 1997, 6) Das Kreuz flimmert und vibriert; es scheint wie in Bewegung. Im Zentrum des Kreuzes: Christus – gekreuzigt. Ein großformatiges Foto zeigt einen Ausschnitt eines in Stein gehauenen Gekreuzigten aus dem 14. Jahrhundert mit einem leicht nach unten gesenkten Kopf, einer Dornenkrone, durch die Hände sind Nägel geschlagen, ein Stück vom Lendentuch ist noch sichtbar. Der Körper ist nach den Schönheitsidealen der Renaissance muskulös und in Spannung dargestellt.

Um den Gekreuzigten tanzt eine Frau.

Ulrike Rosenbach hat im Hof des mittelalterlichen Klosters Clerkenwell in London 1994 eine Performance gemacht und diese auf Videoband aufgenommen. Sie hatte „einen roten Wollfaden kreuz und quer durch den Kirchhof gespannt und dabei sowohl das Kreuz als auch die Bäume und die Sträucher als Markierungspunkte einbezogen. Sich stetig um die eigene Achse drehend, benutzte sie den etwa in Kopfhöhe gespannten Faden als Orientierungshilfe bei ihrer Rotation im Raum des Kirchhofes" (Rosenbach 1997, 6). Die Drehung, die die Wahrnehmung stark verändert und ein ekstatisches Schwindelgefühl verursacht, ist selbst noch auf den Foto-

tafeln spürbar. Ulrike Rosenbach tanzt einen Derwischtanz um den Gekreuzigten. Sie bezieht sich bei diesem Tanz auf eine Meditationsübung eines
muslimischen Sufi-Ordens, in welcher sich Männer in weiten Röcken
manchmal stundenlang, meist aber fünf bis sieben Minuten, drehend auf
einer Stelle in Trance versetzen, um sich in einen Zustand der Ruhe zu
begeben, obwohl sie eine ekstatische Drehbewegung ausführen.

Rosenbach *verrückt* den Blick auf das Kreuz, den Blick auf den Gekreuzigten, indem sie Bilder eines fremden, nicht aus dem christlichen Kontext stammenden Tanzes um den Gekreuzigten setzt, und erreicht optisch
dadurch, daß das gesamte Kreuz in Bewegung kommt, sich dreht und in
Kontrast zu dem bewegungslosen Gekreuzigten steht. Sie nimmt gleichzeitig Bildtraditionen auf, die im Zusammenhang mit dem Blick auf das
Kreuz bis heute aktuell sind. Der Tod des Gekreuzigten und das Leben,
symbolisiert im Tanz, werden hier in ein Verhältnis zueinander gesetzt.
Formal erreicht sie diese Kontrastierung durch den Einsatz von Video-
standbildern, die sie bearbeitet hat. Video zeichnet – im Vergleich zur
Fotografie – Bewegungsabläufe auf. Werden Videobilder wieder zu
Momentaufnahmen stilisiert und bearbeitet, entsteht computergenerierte
Malerei. Diese elektronischen Bilder können durch ihre Unschärfe sehr
lebendig erscheinen. Sie erinnern an den Moment der Performance – die
Aktion, in welcher die Künstlerin unmittelbar handelte. Der Einsatz von
Farbe unterstreicht hierbei die starke Kontrastierung von Statik und
Bewegung. Die Darstellung des Gekreuzigten ist in einem Cyanblau und
einem kalten Grün gehalten. Die Tanzende hingegen, in ihrem zinnober-
roten Kleid, wird in sogenannten „warmen" Farbtönen dargestellt. Gelb-
orange und schwarz changierende Farbzonen unterstützen den Eindruck,
Tanz als eine ekstatische Äußerung von Leben an sich zu begreifen.

Der Blick auf Kreuzigungsdarstellungen, die einen toten Christus thematisieren, ist – wie anfangs ausgeführt – problematisch. Im Neuen Testament wird im Zusammenhang der Kreuzigung Wert darauf gelegt,
besonders die Frauen zu nennen, die mit Jesus bis zum Kreuzigungsort
gingen und bei ihm geblieben sind. Markus und Matthäus nennen die
Frauen, die von „ferne" zusehen, insbesondere Maria Magdalena, Maria, die Mutter von Jakobus dem Kleinen und Joses Mutter und Salome
(Mk 15,40–41). Matthäus nennt noch die Mutter der Söhne des Zebe-

däus (Mt 27,55–56). Lukas berichtet: „Alle seine Bekannten standen von fern und die Frauen, die ihm von Galiläa nachgefolgt waren, und sahen dies." (Lk 23,49) Bei Johannes sind unter dem Kreuz Jesu Mutter und zwei weitere Frauen: Maria, die Frau des Klopas, und Maria aus Magdala. Johannes wird auch genannt: „Als nun Jesus zu seiner Mutter sah und den Jünger, den er liebte, dabeistehen, spricht er zu seiner Mutter: Frau, siehe, dein Sohn!" (Joh 19,25–26)

In der christlichen Ikonographie hat sich dieses in unterschiedlichen Epochen in vielfältigen Ausführungen niedergeschlagen. Auf kleinsten Elfenbeinreliefs bis hin zu den großen Tafelbildern wird an diejenigen erinnert, die bis nach Golgota mitgingen, die Kreuzigung sahen, halfen, den Leichnam vom Kreuz abzunehmen und den toten Christus zu beweinen (siehe z.B. Simone Martini, Kreuzigung Christi, Tafel vom Orsini-Polyptychon, Antwerpen, Koninklijk Museum voor Schone Kunsten; Meister von Hohenfurth, Beweinung Christi, Mitte 14. Jahrhundert, Prag, Nationalgalerie).

Das Werk „Verrückter Tanz" von Ulrike Rosenbach läßt sich in diese Bildtradition einreihen, weil das Motiv Kreuz und Frau von ihr aufgenommen und mittels eines nicht-christlichen Tanzes zugespitzt wird. Diejenigen, die bleiben und den Schmerz und den Tod der anderen ertragen, erfahren das Leben in seiner Bedrohtheit, als ein Neben-sich-Stehen, als ein Außer-sich-Sein, um nicht verrückt zu werden. Es ist ein Kampf um das Leben, und dieser Kampf kann wie ein Tanz sein, der das Leben retten will. Nichts ist hierbei statisch, sondern alles in Bewegung. Die Kreuzigung ist ein Teil des Lebens Jesu gewesen – und für die Frauen und Männer, die Jesus bis zu seinem Tod und darüber hinaus nachgefolgt sind, ist die Kreuzigung auch Teil ihres Lebens (→ Schottroff; → Wehn).

Oftmals wurden auf Kirchenfenstern die Geschichten aus dem Leben Jesu und der Menschen, die Jesus begegnet und nachgefolgt sind, festgehalten. Fenster sind ein wunderbares Medium, diese Geschichten in feurigen und schillernden Farben durchscheinen zu lassen. Sie bilden an den Kirchenwänden Lichtspiele, bezeugen das Leben und machen es möglich, den Blick auf das Kreuz und den Gekreuzigten auszuhalten. Die computerbearbeiteten Videobilder des Tanzes von Ulrike Rosenbach erinnern an Kirchenfenster, die von Licht durchflutet werden. Das gesamte Kreuz „Verrückter Tanz" spricht in seiner Monumentalität vom Leben und einem

Tanz, der die Kreuzigung(en) anklagt, an das Kreuz herantritt und den eigenen Augen traut: Ein Mensch wurde gekreuzigt.

Ulrike Rosenbach gelingt es, mit Medien und einem Tanz aus einem nicht-christlichen Kontext an eine christliche Bildtradition anzuknüpfen, an die Frauen und Männer unter dem Kreuz, das Leben Jesu und das Leben der Frauen und Männer, die ihm nachgefolgt sind, in der Darstellung einer Tanzenden zu erinnern. In den apokryphen Johannesakten (3. Jh. n. Chr.) tritt Jesus kurz vor seiner Kreuzigung selbst als ein Tanzender auf. In einem Hymnus spricht er dem Tanz Erkenntniskraft zu: „Der du sahst, was ich tue, als Leidenden sahst du [mich], und als du sahst, bliebst du nicht stehen, sondern gerietest in Bewegung. In Bewegung geraten, weise zu machen …" (AJ 96)

Ulrike Rosenbach weiß um den Sinn der Augen und die Kraft der Bewegung. Die Betrachtenden von Kreuzigungsdarstellungen werden von ihr als Empfindsame ernst genommen, und der starre Blick auf die Kreuzigung kommt in Bewegung. Blicke, die distanziert und (ver-)messend Leid und Leidende neutralisierend optisch erfassen wollen, bleiben bewegungslos. Diese Blicke sind kalt, einseitig belastet und verweigern es, angeblickt zu werden. Dagegen wurde eine Bewegung wie die Jesus-Bewegung von solidarischen Blicken getragen.

Literatur

Beverly W. Harrison, Die neue Ethik der Frauen. Kraftvolle Beziehungen statt bloßen Gehorsams, Stuttgart 1991.

Michael Hauskeller, Was ist Kunst?, München 1998.

Max Imdahl, Das Gerokreuz im Kölner Dom. Zur Kunst der Tradition, Gesammelte Schriften Bd. 2, Gundolf Winter (Hg.), Frankfurt 1996.

Friedhelm Mennekes; Johannes Röhring, Crucifixus. Das Kreuz in der Kunst unserer Zeit, Freiburg 1994.

Günther Rombold; Horst Schwebel, Christus in der Kunst des 20. Jahrhunderts, Freiburg 1983.

Ulrike Rosenbach, made for Arolsen, Bad Arolsen 1997.

Ulrike Rosenbach, „Reflexionen über die Geburt der Venus", Video-Standfoto 1978, in: Spuren des Heiligen in der Kunst heute II, Wolfgang Becker, Neue Galerie-Sammlung Ludwig, Aachen 1986.

Wilhelm Schneemelcher (Hg.), Neutestamentliche Apokryphen in deutscher Übersetzung, Bd. II: Apostolisches, Apokalypsen und Verwandtes, 6. Aufl. Tübingen 1997.

Westermann Schulbuchverlag GmbH, BIO 2/3, Braunschweig 1983.

Auferstehung

Was ist unter Auferstehung zu verstehen – ein Ereignis nach dem Tod oder existentiell-alltägliche Erfahrungen im Leben? Ist die Vorstellung von Auferstehung ausschließlich auf Jesus zu beziehen, oder stehen auch andere Menschen auf? Sind die körperliche Auferstehung und Jesu „Himmelfahrt" etwas, an das wider besseres Wissen geglaubt werden muß? In verschiedenen theologischen Traditionen wurde die Auferstehung Jesu vielfach mit der Frage nach der Wahrheit des Evangeliums verbunden – als göttliche Bestätigung der Botschaft und des Lebens Jesu, die durch das Faktum des leeren Grabes für alle sichtbar wird. Zweifel an der Auferstehung Jesu sind jedoch nicht erst in unserer Zeit geäußert worden. Bereits die matthäische Erzählung der Grablegung Jesu reagiert auf Vermutungen, die Jünger könnten den Leichnam gestohlen und dann behauptet haben, Jesus sei auferstanden. In Mt 27,62ff wird berichtet, Soldaten hätten das Grab bewacht, um einen Diebstahl unmöglich zu machen. Nach der Auferstehung bestechen die Hohenpriester jedoch die Wachen, damit diese eine falsche Aussage machen (Mt 28,12–15): „Erzählt den Leuten: Seine Jünger sind über Nacht gekommen und haben ihn gestohlen, während wir schliefen … Die Soldaten nahmen das Geld und machten alles so, wie man es ihnen gesagt hatte. So kommt es, daß dieses Gerücht bei den Juden bis heute verbreitet ist." Im dritten Jahrhundert setzt sich Origenes mit Anfragen des Philosophen Celsus an das Christentum auseinander und zitiert dessen Zweifel an der Auferstehung: „– wer hat dies gesehen? Ein halbrasendes Weib, wie ihr sagt, und vielleicht noch ein anderer von der selben Gaunerbande, der entweder die Anlage zu solchen Träumen in sich trug und, ein Opfer irregeleiteter Phantasie, sich nach Belieben ein solches Trugbild schuf … und durch solche Lüge anderen Schwindlern einen Anhalt geben wollte." (Gegen Celsus II,55)

An die Vermutung, die Jünger hätten den Leichnam Jesu versteckt und dann die Rede von der Auferstehung erfunden, knüpft Hermann Samuel Reimarus in den sog. Wolfenbütteler Fragmenten, die Lessing 1774–1778 veröffentlichte, an. Reimarus hatte mit seinen für das 18. Jh. skandalösen Thesen das Ziel verfolgt, den Blick erneut auf die Botschaft des lebenden Jesus richten zu können, in deren Zentrum er die politisch-messianische Verkündigung des Reiches Gottes sah. Die Apostel hätten mit der Absicht, sich „weltliche Hoheit und Vorteil" zu sichern, die Verkündigung der Auferstehung erdichtet. Sein aufklärerisches Interesse, nicht länger an etwas glauben zu müssen, was sich weder naturwissenschaftlich noch historisch beweisen läßt, wird auch von Gerd Lüdemann geteilt, dessen Thesen über die Auferstehung in den letzten Jahren für eine kontroverse Diskussion sorgten. Lüdemann untersucht sämtliche neutestamentlichen Texte, die von Auferstehung handeln, und kommt zu dem Ergebnis, daß diese nicht von einem historischen Faktum sprechen. Die Erscheinungen des Auferstandenen führt er auf psychische Ursachen wie nicht verarbeitete Schuld bzw. Massenpsychosen zurück. Er geht zwar davon aus, daß die Menschen damals „wörtlich" an die Auferstehung Jesu glaubten. Dieses sei jedoch auf dem Hintergrund eines anderen Weltbildes geschehen. Heute seien wir frei, das Geschehen anders zu interpretieren und die Glaubensinhalte auf ihre Zeitgemäßheit hin zu überprüfen: „Eine konsequente modern-weltanschauliche Sichtweise muß der Auferstehung Jesu als historischem Geschehen den Abschied geben." (1995, 123) Lüdemann sagt damit nichts Neues. In der theologischen Wissenschaft geht kaum noch jemand davon aus, daß die neutestamentlichen Texte von einer „Wiederbelebung eines Leichnams" sprechen, wenn von Auferstehung die Rede ist. Wichtige Impulse für ihr Verständnis hat Rudolf Bultmann bereits in den vierziger Jahren gegeben, die unter dem Stichwort „Entmythologisierung" zu fassen sind. Er zeigt, daß sich viele Aussagen im Neuen Testament mythologischer Sprache und Bilder bedienen, die aus einem mythischen Weltbild resultierten, das für moderne Menschen jedoch „erledigt" sei. Aufgabe der ExegetInnen sei es nun, die Wahrheit biblischer Aussagen von den mythologischen Vorstellungen, in die sie gefaßt sei, zu entkleiden und sie existential zu interpretieren, d.h. diese auf das Existenzverständnis hin zu befragen, das sich in ihnen ausdrückt. Die Auferstehung sei dann als Gegenstand des Glaubens zu verstehen, als ein eschatologisches Ereignis, das verkündigt wird. Wir haben in den neutestamentlichen Erzählungen von der Auferstehung, aber auch von Heilungen, den „Speisungswundern" etc. keine nach unserem Verständnis historisch objektiven Berichte vorliegen, sondern die Verkündigung der Menschen in den Gemeinden, mit den Worten Bultmanns: das Kerygma der Urgemeinde. Doch geht Bultmann dem konkreten Erfahrungsgehalt, der hinter diesen Verkündigungsaussagen steht, nicht weiter nach. Zwar legt er großen Wert auf die Feststellung, daß das Heilsgeschehen, das mit Kreuz und Auferstehung Jesu ausgedrückt werde, ein geschichtliches Geschehen in Raum und Zeit sei, das als „eschatologisches Jetzt" in die Nachfolge rufe – doch die konkreten Auferstehungs-Erfahrungen der Menschen in den Gemeinden treten in seinen Ausführungen in den Hintergrund. Auferstehung wird mehr oder weniger zu einem überzeitlichen Glaubensinhalt, zu dem Menschen aufgrund ihrer eschatologischen Existenz Zugang haben. Letztlich bleibt damit aber unbeantwortet, warum den Menschen in der Nachfolge Jesu die Rede von der Auferstehung wichtig war, warum sie sie entwickelt haben. Dieser Frage möchte ich im folgenden aus einer sozialgeschichtlichen Perspektive nachgehen.

Festzuhalten bleibt zunächst jedoch die Einsicht, daß Fragen nach der „Historizität" der Auferstehung Jesu zu kurz greifen: Als historisch und naturwissenschaftlich überprüfbares Faktum ist sie nicht zu fassen. Wenn ich mich allein auf dieser Ebene bewege, muß ich sagen: Wahrscheinlich war das Grab „voll", der Leichnam Jesu ist ebenso verwest wie der aller menschlichen Wesen. Nur ging es den Frauen und Männern mit ihrer „mythologischen" Rede von der Auferstehung überhaupt nicht um diesen Punkt. Sie glaubten nicht „wörtlich" an die Auferstehung, sondern wählten die Sprache des Mythos, um etwas zum Ausdruck zu bringen, was ihren Horizont von Wissen und bisher Erfahrenem überschreitet. Sie sprechen mit der Sprache des Glaubens und bekennen: Jesus lebt in uns, er ist in unseren Gemeinschaften gegenwärtig, er verändert auch heute – nach seinem Tod – unser Leben. „Jesus ist auferstanden": Gott ist stärker als der Tod. Diese Glaubenserfahrungen kleiden sie in Erzählungen über Auferstehung und Erscheinungen, die jedoch konkrete Bezugspunkte in ihrem eigenen Alltag haben. Wie die Emmausjünger (Lk 24) begegnen sie in anderen Menschen dem „auferstandenen" Jesus und teilen das, was sie haben, miteinander: materielle Ressourcen, ihren Alltag und ihre Hoffnungen. Auferstehung – die Kraft des verbindenden Geistes Gottes, Heilwerden und Solidarität – wird in den Gemeinden tagtäglich erfahrbar. Wer sich allein mit der Frage beschäftigt, ob Jesus nun „tatsächlich" auferstanden ist, und daran den Wahrheitsgehalt dieser Aussage mißt, verstellt sich jeglichen Zugang zu der befreienden Kraft, die in ihr steckt, die Menschen bewegt und ermutigt hat, widerständig und solidarisch zu leben. Historisch ist die Rede von der Auferstehung nicht deshalb, weil sie ein möglicherweise datierbares einzigartiges Geschehen beschreibt, sondern weil sie konkrete Gemeindepraxis spiegelt.

Das Neue Testament verwendet auch für die Auferstehung Jesu Begriffe, die aus diesem Alltagszusammenhang stammen: aufstehen, sich aufmachen, aufwecken (griech: *anhístemi* und *egeírein*), Wörter, die Bewegung ausdrücken. Luzia Sutter Rehmann schreibt dazu: „AufErstehung ist in der deutschen Sprache ein rein religiöser Begriff, eine Art ‚Kunstwort', das niemals mit Aufstehen oder Aufstand verwechselt werden darf. Es werden nur zwei Buchstaben eingefügt, doch wirken sie wie eine Glaswand zwischen unserem alltäglichen Leben und dem Evangelium." (1998, 141) Die Menschen, die von der Auferstehung, dem Aufstehen Jesu, berichtet haben, verknüpfen aber ganz bewußt ihr eigenes Leben, ihre eigenen Erfahrungen des Aufstehens, der Veränderung und Heilung mit dem Handeln, das sie Gott an dem ermordeten Jesus Christus zuschreiben. Seine Kraft (*dýnamis*) ist es, die Heilung bei der seit vielen Jahren unter Blutfluß leidenden Frau (Mk 5,30) bewirkt und bei den vielen anderen, die mit Jesus in Beziehung treten (vgl. Lk 5,17). Aber nicht nur durch Jesus wirkt Gottes *dýnamis*, sie ist die bewegende Kraft der Menschen in den Gemeinden, die sie miteinander verbindet und sie ermächtigt, im Namen Gottes zu handeln (vgl. Apg 3,12; 4,33; Röm 1,16; 15,13; 1 Kor 2,4 u.ö.).

Im Neuen Testament gibt es viele solcher Auferstehungserzählungen, Aufsteh-Geschichten. Sie machen deutlich, „daß der Tod nicht erst nach dem Sterben, sondern schon mitten im Leben besiegt wird" (Kosch 1998, 52): der Tod in Form von Krankheit, von Lähmung, Resignation und in Form von Hunger. „Auferstehung bedeutet in diesem Denken, daß der Tod in jenen Momenten überwunden wird, in denen Menschen das Leben wählen, für das Leben einstehen, Todesdrohungen zurückweisen. Wenn Menschen sich für Gerechtigkeit, radikale Liebe, Solidarität und Befreiung entscheiden, passiert Auferstehung, werden Todesmächte entmachtet." (Strobel 1998, 34) Von Jesus wird berichtet, wie er in seinem Handeln Menschen ermutigt hat, daß er aufgestanden sei gegen die Todesmächte, die Leben verhindern. Deshalb formuliert Regula Strobel im Anschluß an die US-amerikanischen Theologinnen Joanne Carlson Brown und Rebecca Parker: „Am Karfreitag wurde der Auferstandene gekreuzigt! Nicht der Gekreuzigte ist auferstanden, sondern der zum Leben Auferstandene wurde gekreuzigt." (1998, 35) Auferstehung, das Aufstehen gegen den Tod und aus dem Tod, ist im Neuen Testament kein einmaliges → Heilsereignis, das allein auf Jesus bezogen ist. Es ist auch kein individuelles Ereignis, sondern eingebettet in die Auferstehungspraxis von Frauen und Männern in der Jesus-Bewegung und den Gemeinden. Die brasilianische Theologin Ivone Gebara bezeichnet die Jesus-Bewegung deshalb von ihren Anfängen an als Auferstehungsbewegung und betont den kollektiven ethischen Charakter, den die Rede von der Auferstehung beinhaltet: die Verantwortung für das Leben. Diese verbindet Frauen und Männer als gleichberechtigte Subjekte in ihrem Einsatz für Gerechtigkeit und Lebensqualität für alle.

Neben der Auferstehung im Leben stellte sich den Menschen in biblischer Zeit auch die Frage nach einer Auferstehung nach dem individuellen Tod, dem physischen Sterben. Was geschieht mit den Menschen, die aufgrund von Ungerechtigkeit, Hunger und Gewalt gestorben sind? Bleiben sie für immer im Tod, stößt Gottes Gerechtigkeit hier an ihre Grenzen, oder gibt es auch für sie Hoffnung auf Auferstehung? „Was für einen Leib werden sie haben?" (1 Kor 15,35) Paulus stellt sich diesen Fragen und schöpft bei seinen Antwortversuchen aus dem Zusammenhang apokalyptischer Vorstellungen, die auch im Ersten Testament und in jüdischen Schriften, die zeitgleich mit dem Neuen Testament entstanden sind, zu finden sind: „Wir werden nicht alle entschlafen, aber wir werden alle verwandelt werden – plötzlich in einem Augenblick, beim letzten Posaunenschall. Die Posaune wird erschallen, die Toten werden zur Unvergänglichkeit auferweckt, aber wir werden verwandelt werden." (1 Kor 15,51f) In der Apokalyptik wird mittels vielfältiger Bilder das Ende der Welt beschrieben, das Jüngste Gericht und die Auferstehung der Toten. Luzia Sutter Rehmann versteht diese Schriften als Widerstandsliteratur, die sich gegen das Vergessen der Toten richtet und gegen menschengemachtes Unrecht protestiert: „Apokalyptische Hoffnungsbilder wachsen aus dem Wahrnehmen von Unrecht und Leiden heraus (Jes 25; Mk 13). Sie verdichten die Sehnsucht nach der Nähe Gottes und seiner Gerechtigkeit und sagen den Mächtigen das Ende ihrer Macht an. Wer viel zu verlieren hat, wird die Rede vom Ende der Zeiten als unnötige Panikmache, als politisches Agieren oder aber als mythologisch längst überholte Vorstellung abtun. Wer unter den gegenwärtigen Bedingungen leidet, sich als marginalisiert und unterdrückt wahrnimmt, wird sich ausstrecken nach dem Ende der Unrechtszeit, wird lachen beim Erschallen von posaunenähnlichen Klängen, die den lang ersehnten Wechsel der Zeiten ankündigen." (1999, 95–96) In dieser Interpretation wird deutlich, daß sich die apokalyptische Bildsprache, die das Ende der Welt, einen neuen Himmel und eine neue Erde beschreibt, konkret auf die Gegenwart bezieht. Sie dient nicht dazu, Menschen auf ein besseres Leben nach dem Tod zu vertrösten, sondern versucht, mittels der Rede von der Auferstehung Menschen zu ermutigen: „So ist die apokalyptische Rede vom Gericht und vom Ende ein Hoffnungsbild für diejenigen, die die Gegenwart als Unrechtssituation erleben. Das Festhalten an der Gerechtigkeit Gottes über den individuellen Tod hinaus bringt das apokalyptische Bild der Auferstehung der Toten hervor. Die Gerechtigkeit darf nicht zeitlich begrenzt werden, sie ist in jeder Zeit einzulösen, für sie gibt es keine Verjährung." (Sutter Rehmann 1999, 96)

Für uns heute, die wir nicht mehr in dieser apokalyptischen Bilderwelt leben und mit ihren Vorstellungen vertraut sind, ist dieser politische Gegenwartsbezug nur noch sehr schwer herauszuhören und noch viel schwerer auf unser Leben zu übertragen. Und dennoch kann uns das, was hier vermittelt wird, erreichen – allerdings nicht, indem wir im wörtlichen Sinn an diese Vorstellungen vom Jenseits glauben. Auch hier geht es um die Gegenwart und das, was in der Gegenwart Kraft gibt und zu Veränderungen ermutigt: das Wissen darum, daß unser Leben nicht völlig im Vorfindlichen aufgeht, daß göttliche Kraft in ihm wirksam ist. „Jetzt sind wir Kinder Gottes, aber es ist noch nicht erschienen, was wir sein werden." (1 Joh 3,2) Ob es eine andere Existenz nach dem physi-

schen Tod gibt, läßt sich nicht beantworten. Nur eines machen die biblischen Texte zur Auferstehung deutlich: Von der Antwort sollte nicht
abhängen, wie ich mich im Leben verhalte oder wie ich meine irdische
Existenz bewerte. Leben und Auferstehung finden erfahrbar in der
Gegenwart statt, darauf richtet sich der Blick. Auferstehung heute kann
dann bedeuten, „daß die Geschichte Jesu weitergeht und sich fortsetzt in
unseren Auferstehungsgeschichten" (Strahm 1997, 241).

Literatur

Rudolf Bultmann, Neues Testament und Mythologie. Das Problem der Mythologisierung
der neutestamentlichen Verkündigung, Nachdruck der 1941 erschienenen Fassung hg.
von E. Jüngel, München 1985.
Ivone Gebara, The Face of Transcendence as a Challenge to the Reading of the Bible in
Latin America, in: Searching the Scriptures Vol 1: A Feminist Introduction, Elisabeth
Schüssler Fiorenza (ed.), New York 1993, 172–186.
Daniel Kosch, Auferstehung mitten am Tage, in: Auferstehung hat einen Namen. Biblische
Anstöße zum Christsein heute, FS für Hermann-Josef Venetz, Sabine Bieberstein; Daniel
Kosch (Hg.), Luzern 1998, 47–57.
Gerd Lüdemann; Alf Özen, Was mit Jesus wirklich geschah. Die Auferstehung historisch
betrachtet, Stuttgart 1995.
Ina Praetorius; Doris Strahm; Luzia Sutter-Rehmann, „Manchmal stehen wir auf ..." Gespräch
über Auferstehung, in: Evangelische Theologie 57 (1997) 225–241.
Luise Schottroff; Dorothee Sölle, Art. Auferstehung, in: Wörterbuch der Feministischen Theo-
logie, Elisabeth Gössmann u.a. (Hg.), Gütersloh 1991, 34–36.
Regula Strobel, An jenem Tage wurde in Jerusalem ein Auferstandener gekreuzigt. Aufständische
Gedanken zu Auferstehung aus feministischer Perspektive, in: Auferstehung hat einen
Namen. Biblische Anstöße zum Christsein heute, FS für Hermann-Josef Venetz, Sabine Bie-
berstein; Daniel Kosch (Hg.), Luzern 1998, 29–36.
Luzia Sutter Rehmann, Kämpfen und lebendigwerden: Apokalyptische Motive in 1 Kor
15,51ff., in: Wie Freiheit entsteht. Sozialgeschichtliche Bibelauslegungen, Claudia Jans-
sen; Beate Wehn (Hg.), Gütersloh 1999, 93–101.
Luzia Sutter Rehmann, Vom Mut, genau hinzusehen. Feministisch-befreiungstheologische
Interpretationen zur Apokalyptik, Luzern 1998.

Claudia Janssen

Magdalene L. Frettlöh

Rechts und links vom Kreuz stehen Die Kreuzestafel des Isenheimer Altars feministisch-theologisch wahrgenommen

Nicht unbedingt *Neues* sehen, aber Vertrautes *neu* sehen lernen, den blinden Fleck des gewohnten Blicks aufspüren, die *ein(seitig)e* Blickrichtung entlarven, die *eine* Sehordnung, in der man(n) sich eingerichtet hat, stören – zu einem solchen Sehen, das sich nicht im Wiedererkennen von bereits Gesehenem und Gewußtem erschöpft, laden feministische Perspektiven auf religiöse Traditionen ein. Sie weichen ab von erstarrten Sichtmöglichkeiten, lassen Unsichtbar(gemacht)es neu sichtbar werden und bilden dabei andere, den Erfahrungen von Frauen entsprechende Sehgewohnheiten aus. Einen solchen feministisch-theologischen Perspektivenwechsel möchte ich im folgenden an einer der bekanntesten künstlerischen Darstellungen der Kreuzigung Jesu, an der Kreuzestafel des Isenheimer Altars von Mathias Grünewald, erproben.

Ausgehend von traditionellen (männlichen) Blicken auf diese Kreuzigungsszene und angeregt durch die Geschichte des Altars und R. Marquards Rekonstruktion einer theologischen Bildprogrammatik des Altars, nehme ich die Isenheimer Altartafel als Blickfeld und Bildraum für feministische Kritik und Re-Vision traditioneller Kreuzestheologien wahr. Dabei verstehe ich unter Perspektivenwechsel nicht nur das Verlassen der eingefahrenen Sehweise dieses Kreuzigungsbildes und das Einüben eines neuen Sehens, sondern auch einen *Blickwechsel* mit dem Bild selbst, das uns auch ansieht. Der (An-)Blick des Bildes beunruhigt unseren Blick und hindert auch die feministische Perspektive daran, sich in *einer* Sichtweise einzurichten. Bedingt durch die An-sprüche des Bildblickes, die sich in keiner Sehweise erfüllen lassen, ist es mir um wiederholte Blick- und Standortwechsel (und nicht etwa um eine Zusammenschau, eine Synopse traditioneller und feministischer Perspektiven) zu tun, die sich – wie Grünewald in seiner Zeit – heute *zwischen Traditionsbruch und Traditionstreue* bewegen. Auch feministische Blicke haben ihre eigenen blinden Flecken und bleiben darum auf andere Sichtweisen als Ergänzung und Korrektiv angewiesen.

Rechts vom Kreuz stehen – oder: Traditionelle Blicke auf die Isenheimer Kreuzestafel

Im Laufe des Jahres 1918 erwirbt Karl Barth eine auf Initiative des Verlegers Reinhard Piper entstandene Mappe mit Reproduktionen der Bildtafeln des Isenheimer Altars. Der steht zu dieser Zeit – nach seiner Wiederentdeckung seit Mitte des 19. Jahrhunderts längst zum Streit- und Prestigeobjekt nationalistischer Interessen geworden – in der Alten Pinakothek in München. Dort avanciert er zum nationalkulturellen Kunstwerk, zum „Altar des Vaterlandes". Die Alte Pinakothek wird zum Wallfahrtsort für Tausende von Menschen, insbesondere für kriegsverwundete Soldaten (vgl. Stieglitz 1993).

In Barths Schriften finden sich vom ersten „Römerbrief" (1919) bis zu einem Brief nur wenige Wochen vor seinem Tod an eine schwäbische Liebhaberin Mozartscher Kirchenmusik mehr als fünfzig Bezugnahmen auf den Isenheimer Altar, zumeist auf dessen Kreuzigungstafel und darin vor allem auf die Gestalt Johannes' des Täufers „mit seiner in fast unmöglicher Weise zeigenden Hand" (Barth 1925, 79). Das Kreuzigungsbild des Isenheimer Altars wird Barth zeit seines Lebens nicht mehr loslassen. Es begleitet ihn für ein halbes Jahrhundert, über seinem Schreibtisch in seinem Arbeitszimmer hängend – zur „optischen Nachhilfe" (Barth 1975, 503), wie Barth im Rückblick bekennt. Barths Interpretation bietet ein geradezu klassisches Beispiel für den traditionellen theologischen Zugang zu dieser Kreuzigungsdarstellung (vgl. dazu Marquard 1995).

Die 1918 erworbenen Drucke (in einer Größe von 74 cm Höhe und 61 cm Breite) verwendet Barth seit der Adventszeit desselben Jahres zur Veranschaulichung vor allem christologischer Themen im KonfirmandInnenunterricht. Unter dem Stichwort „Das Lamm Gottes" heißt es in seinen KU-Skizzen vom Frühjahr 1919:

„Jesus hat die Folgen der Gottlosigkeit erlitten wie kein Anderer. Aber er hat das getan im Gehorsam gegen Gott. So hat er sich zum Opfer gegeben: Unsere Strafe lag auf ihm [Jes 53,5] und wir sind mit Gott versöhnt durch ihn. Das ist die Bedeutung des Karfreitags: Gott hat Gericht gesprochen und Gnade zugesagt. Aber die Gnade ist das größere, das letzte Wort Gottes." Auf eine Reihe von Bibelstellen, die diese Aussagen biblisch begründen, folgen dann die Stichworte:

„Grünewald	1. Christus	Der Tod mit allen Schrecken und Geheimnissen Jes 53!
	2. Gruppe links	Die Menschheit vor ihrem Verhängnis
	3. Salbe	So ohnmächtig ist unser guter Wille!
	4. Der Täufer	Es muß so sein! Gericht u. Gnade
	5. D. Lamm	Die Kraft des Worts, das da lebendig wird" (Barth 1987, 293f.)

Ein Jahr später findet Barth in der linken Bildgruppe „die unbefriedigte Klage der M'heit, die ihr Schicksal bejammert, aber nicht erkennt", während der Täufer mit Joh 3,30: *„Jener muß wachsen, ich aber abnehmen!"* von sich weg auf den Gekreuzigten hinweist und das Lamm für „die ganz fremdartige neue Möglichkeit" steht: „Leben und Sieg für uns! Durch s[eine] Wunden sind wir geheilt." (ebd., 351)
Und in Barths Vortrag „Biblische Fragen, Einsichten und Ausblicke" (1920) lautet die Gegenüberstellung von rechter und linker Bildhälfte – wenn auch zurückhaltend formuliert – so:
„Die Mater dolorosa, die Maria Magdalena und der Jünger Johannes, die auf Grünewalds Altarbild das Gegenstück bilden zu dem zeigenden Täufer, sie scheinen anzudeuten, daß es möglich ist, vor dem Geheimnis des Kreuzes in Ratlosigkeit, Entsetzen und Verzweiflung stehen zu bleiben. Woher nimmt der Künstler die Vollmacht, diese Möglichkeit auszusprechen und gleichzeitig aufzuheben, zwischen die Wissenden und die Unwissenden das für Viele sein Blut vergießende Lamm Gottes als Deutung hineinzustellen (…)?" (Barth 1925, 91)
In Barths Auslegung stehen sich demnach der Täufer in der rechten und die Dreiergruppe in der linken Bildhälfte angesichts des grausam Zu- und Hingerichteten in der Bildmitte als *Wissender* und als *Unwissende* gegenüber: Nur der Täufer begreift die verborgene Heilsbedeutung des Kreuzes, während Maria Magdalena, Maria und Johannes überwältigt sind von

ihrem Schmerz. Der Verzweiflung und Ratlosigkeit, der Ohnmacht und dem Entsetzen in der linken Bildhälfte steht die Vollmacht des Täufers zur theologischen Interpretation des Kreuzesgeschehens gegenüber. Der eindeutig-überdeutlich auf den Gekreuzigten hin- und von sich selbst wegweisende Zeigefinger seiner rechten Hand – verstärkt durch das sich rot vom dunklen Hintergrund abhebende Schriftwort aus Joh 3,30: *„Illum oportet crescere, me autem minui."* – *„Jener muß wachsen, ich aber abnehmen.",* seine unbewegte Miene, sein fester Stand mit beiden Beinen auf dem Boden drücken eine ganz andere Haltung gegenüber dem Gekreuzigten aus als die ringenden, flehenden Hände Marias und Maria Magdalenas, die blutleeren Gesichter des Lieblingsjüngers und der Mutter Jesu, die verstummten Schreie auf ihren Lippen, das Schwanken und Fallen Marias und die – unproportional klein – am Fuß des Kreuzes kniende Jüngerin. Während der Täufer ganz Hinweis auf den Gekreuzigten, genauer noch: auf das aus seiner Seitenwunde, dem Stigma der Eucharistie, fließende Blut ist, nimmt man die beiden Frauen und den Lieblingsjünger als mit ihrer eigenen Trauer und ihrem Schmerz beschäftigt, in ihm gefangen und von ihm beherrscht wahr. Was die Personen in den beiden Bildhälften *trennt,* ist das Wissen um die *Heils*bedeutung des Kreuzes. Dieses findet Barth allein beim Täufer.

Als *theologiefähig* und *-würdig* wird also nur die rechte Bildhälfte, die Gestalt des Täufers und des Lammes, erachtet. Nur aus ihr läßt sich das Wort vom Kreuz ablesen. Gegenüber einer heilvollen Bedeutung des Kreuzestodes Jesu ist die linke Bildhälfte so verschlossen wie das Salbgefäß der Maria Magdalena, das zum Symbol der Ohnmacht der ganzen Gruppe erklärt wird. Das Blut des Lammes dagegen strömt in den offenen Meßkelch: *„Das ist mein Blut des Bundes, das für viele vergossen wird."* (Mk 14,24) Die Frauen und der Lieblingsjünger sehen nur den qualvoll Ermordeten, der Täufer sieht mehr. Der Gekreuzigte hält in dieser Deutung die beiden Bildhälften nicht zusammen, sondern *trennt* die Menschen unterm Kreuz voneinander.

Eine solche Kontrastierung der rechten und der linken Bildhälfte begegnet häufiger noch in einer anderen Variante, nämlich im Verzicht auf eine theologische Interpretation der linken Bildhälfte überhaupt. Während sich die kreuzestheologische Auslegung ganz auf die Komposition von

Täufer und Lamm konzentriert, findet die linke Bildgruppe zwar auch ausführlich Erwähnung – allerdings aufgrund ihrer großartigen und eindrucksvollen künstlerischen Gestaltung, insbesondere was die Farbgebung und die Pinselführung angeht. Der Stofffülle und dem Faltenwurf der Gewänder und Tücher und dem offenen, goldenen Haar der Maria Magdalena gilt dabei die Aufmerksamkeit ebenso wie dem vielfältigen Gestenvokabular und der ausdrucksstarken Mimik der drei Figuren. Wie Grünewald Maria Magdalena, Maria und den Lieblingsjünger in Szene gesetzt hat, erhält höchste *künstlerische* Noten, *theologisch* scheint es nicht von Belang.

Auch bei Karl Barth findet über die erwähnten Belege hinaus, die alle aus den Jahren 1919 und 1920 stammen, die linke Seite dieses Kreuzigungsbildes keine einzige Erwähnung mehr. Grünewalds Täufer dagegen wird für ihn zum Zeugen schlechthin, denn: „Bezeugen heißt: in einer bestimmten Richtung über sich selbst hinaus auf ein Anderes hinweisen" (Barth, KD I/1, 114). „Distanz und Hinweis" – das macht den *Zeugen* aus; so nimmt die Kirche ihr prophetisches Amt angemessen wahr. In der Gestalt des Täufers steht sie beim Kreuz; Maria Magdalena, Maria und der Lieblingsjünger dagegen bleiben auch *ekklesiologisch* stumm.

Blickfeld und Bildraum – oder: Wo sehen wir uns in den Raum dieses Bildes hinein?

Die theologische Bevorzugung der rechten Bildhälfte hat – so mag man einwenden – gute Gründe für sich, steht doch der Täufer von vornherein als Deutefigur, als Interpret dieses Todes, unterm Kreuz. Sein Auftreten bei der Kreuzigung ist anachronistisch, zu diesem Zeitpunkt war Johannes bereits tot (vgl. Mk 6,14–29 par). Der übergroße Zeigefinger der rechten Hand, die aufgeschlagene Bibel in der linken und das Schriftzitat aus Joh 3,30 setzen die theologische Kompetenz des Täufers zur Deutung des Kreuzestodes eindrücklich und unmißverständlich ins Bild. Darüber hinaus korrespondiert der hinweisenden Geste des Täufers die Haltung des Lammes zu seinen Füßen. Das blutende Lamm mit Kreuz und Meßkelch ist ein ikonographisches Symbol für die kreuzestheologische Deutekategorie des stellvertretenden Sühnopfertodes: *„Siehe, das Lamm Gottes,* *das die Sünde der Welt hinwegnimmt!"* – so identifiziert der Täufer Jesus in Joh 1,29. Tödlich verwundet und doch lebendig, verkörpert das Lamm zugleich den Sieg des Lebens über den Tod. Zu dieser heilsgeschichtlichen Ikonographik des Lammes findet sich nach den traditionellen Auslegungen in der linken Bildhälfte nichts auch nur annähernd Vergleichbares.

Meines Erachtens hängt nun dieser Befund *nicht* damit zusammen, daß sich aus der linken Bildgruppe keine Kreuzestheologie erheben läßt. *Halbiert* zugunsten der rechten Bildhälfte wird diese Kreuzesszene vielmehr von *den* Betrachtern, die sich selbst ausschließlich über den Täufer in das Bild hineinsehen und allein seinem Hinweis auf den Gekreuzigten folgen. So ist auch der Zeigefinger des Täufers das Bildmotiv des Isenheimer Altars, das sich der Erinnerung am meisten eingeprägt hat. Nicht der Lieblingsjünger, der – selbst von der Grausamkeit des Kreuzestodes überwältigt – die vor Schmerz und Trauer ohnmächtig werdende Mutter Jesu im Fallen auffängt und festhält, ist die männliche Identifikationsfigur, sondern der Täufer, der allein, festgegürtet, breitspurig und barfüßig in der rechten Bildhälfte steht, mit ungerührtem Blick und eindeutig verweisender Gebärde.

Daß nicht der Lieblingsjünger in der linken Bildhälfte zum Blickfang männlicher Betrachter geworden ist, muß angesichts des von Grünewald vielfach „zitierten" Johannesevangeliums erst recht verwundern, ist doch dort gerade der Jünger Johannes der wahrhaftige Zeuge: *„Das ist der Jünger, der von diesen Dingen zeugt und dies geschrieben hat; und wir wissen, daß sein Zeugnis wahr ist."* (Joh 21,24) Dem Zeugnis *des* Jüngers, der nicht wie die anderen geflohen ist, sondern mit den Frauen unterm Kreuz aushielt, *des* Jüngers, der sich nach dem Tod Jesu seiner Mutter annimmt und Maria in sein Haus aufnimmt, kann vertraut werden, denn es ist wahr. Was aber hat männliche Ausleger der Isenheimer Kreuzigungsszene davon abgehalten, sich über ihn statt über den Täufer in dieses Bild hineinzusehen? Waren es sein Mitleiden mit dem Gekreuzigten und seine Solidarität mit den Frauen unterm Kreuz oder/und die homoerotischen Züge, die Jesu Beziehung zu ihm trägt?

Wie Karl Barth haben sich ganze Generationen von Auslegern von der Gestalt des Täufers *beanspruchen* lassen und sich mit ihm neben das Kreuz gestellt. Lange Zeit hat man angenommen, daß auch der Maler selbst sich

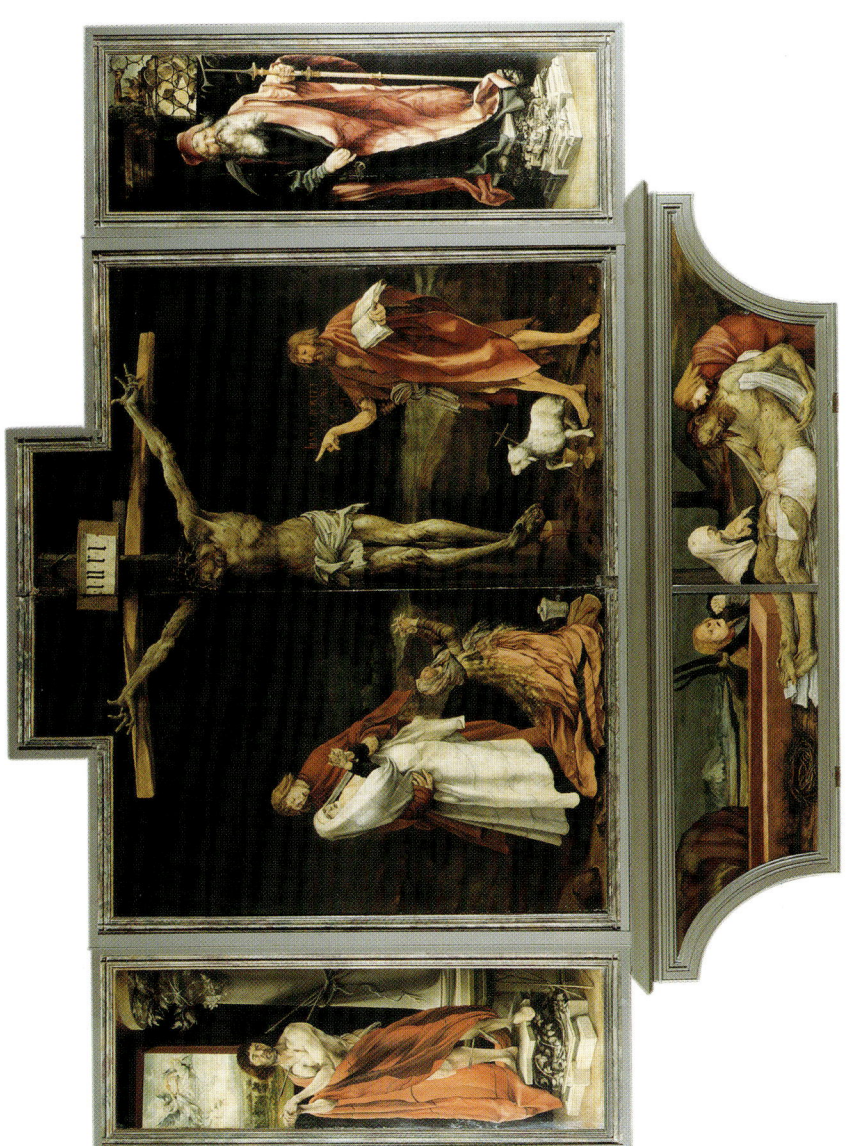

im Täufer portraitiert habe. In der traditionellen Auslegung der Isenheimer Kreuzestafel fallen in der Figur des Täufers Betrachter und Betrachtetes zusammen. Der (An-)Blick des Täufers nimmt den Blick der Interpreten so für sich ein, daß sie in dieser einen Sichtweise gefangen bleiben.

Daß sich die BetrachterInnen vom (An-)Blick des Bildes zum (Hin-)Einsehen in die dargestellten Figuren und ihre Geschichte einladen lassen, und zwar aus *theologischen und therapeutischen* Gründen, das ist wohl auch die ursprüngliche Intention gewesen, die zur Entstehung des Isenheimer Altars geführt hat. Darum zunächst einige zum Verstehen meiner weiteren Überlegungen hilfreiche historische Informationen:

Beim Isenheimer Altar handelt es sich um eine Auftragsarbeit der Antoniterniederlassung in Isenheim, einem elsässischen Dorf, etwa 20 km südlich von Colmar gelegen. Der Antoniterorden ist eine um 1095 (in einem kleinen Dorf in der Dauphiné zwischen Grenoble und Valence – dorthin hatte man 1070 die angeblichen Reliquien des Antonius von Konstantinopel aus überführt) gegründete Ordensgemeinschaft, die sich auf den Eremiten Antonius (ca. 251–356) als ihren Schutzpatron beruft, der uns vor allem durch die „Vita Antonii" des Athanasius bekannt ist. Therapeutische Erfolge haben zu einer raschen Verbreitung des Ordens und einer Professionalisierung seiner Heilmethoden geführt: Zur Behandlung des sog. „ignis sacer", des „heiligen Feuers", das bald auch „Antoniusfeuer" hieß, wurden in den Hospitälern des Ordens „Vertragschirurgen" eingestellt und Spezialmedikamente, der Antoniuswein (unter Verwendung von gefäßerweiternden und schmerzstillenden Kräutern) und der Antoniusbalsam, verabreicht. Die genannte Krankheit ist erst im 18. Jahrhundert als „Mutterkornvergiftung" identifiziert worden. Sie führte in der einen Erscheinungsform zu Gefäßverengung und Gewebstod in den Extremitäten (Ergotismus gangraenosus) und äußerte sich in der anderen Form in heftigen und schmerzhaften tonischen Krampfanfällen, die zu Kontrakturstellungen der Extremitäten führten (Ergotismus convulsivus). Zum Krankheitsbild gehören auch Halluzinationen, Phantasiebilder bis hin zu Angst- und Horrorvisionen. Ein Wirkstoff des Mutterkorns ist nämlich die Lysergsäure, die auch Bestandteil von LSD (=Lysergsäurediäthylamid) ist. Im Hospital der – Mitte des 12. Jahrhunderts in Isenheim gegründeten – Antoniter-Präzeptorei wurden wahrscheinlich wie in den zahlreichen

anderen Ordensniederlassungen Patienten behandelt, die an Mutterkornvergiftung, an Aussatz, Pest, Syphilis und Epilepsie erkrankt waren.

Der Isenheimer Altar ist als *Wandelaltar* konstruiert und besteht – neben
dem geschnitzten Heiligenaltar (um 1500 hergestellt von dem Straßbur-
ger Bildhauer Niclas Hagenauer und einem seiner Mitarbeiter) – aus insgesamt neun bemalten Tafeln, die im Laufe des Kirchenjahres in drei
Wandlungen sichtbar werden:

– Die Kreuzigungsszene bildet die Mitte der geschlossenen Ansicht, auf den
Standflügeln ist rechts Antonius, der Schutzpatron des Ordens, und links
Sebastian, der Schutzheilige gegen die Pest, zu sehen. Die Predella zeigt in
der geschlossenen Ansicht und in der ersten Öffnung die Grablegung Jesu.

– Die erste Öffnung läßt die Verkündigung an Maria auf dem linken Seitenflügel sehen, das Engelskonzert und Maria in Erwartung sowie die
Geburt Christi im großen Mittelbild und die Auferstehung auf dem rechten Seitenflügel.

– Die zweite Öffnung gibt den Blick frei auf die geschnitzten Skulpturen,
einerseits im Mittelteil: Antonius mit Augustin und Hieronymus, und
andererseits auf der Predella: Christus mit den zwölf Aposteln. Auf dem
bemalten rechten Seitenflügel ist die Versuchung des Antonius ins Bild
gesetzt, während der linke Antonius im Gespräch mit Paulus zeigt.

Die Altartafeln sind wahrscheinlich zwischen 1512 und 1515 in Isenheim
gemalt worden; das Salbgefäß Maria Magdalenas jedenfalls trägt die Jah-
reszahl 1515. Die Identität des Malers ist bis heute umstritten (ca. 1475/80
in Würzburg geboren, 1528 in Halle gestorben). Unter dem Namen Mathias oder Matthäus Grünewald ist er erst seit 1675 bekannt, und zwar aus
dem Grünewald-Bericht, den Joachim von Sandrart im ersten Teil seiner
Künstlerbiographie „Teutsche Academie der edlen Bau-, Bild- und Mah-
lerey-Künste" (Nürnberg 1675) gibt (vgl. Marquard 1996, 117–120).

Nach einer bewegten Geschichte steht der Altar seit dem 8. Juli 1945 in
der Kapelle des Unterlinden-Museums in Colmar; die drei Wandlungen
sind – museal übersichtlich – hintereinander angeordnet. Die theologische Bildprogrammatik des Altars muß bei dieser demontierten Aufstel-
lung von den BetrachterInnen jeweils neu rekonstruiert werden.

Was nun die Altartafeln als Blickfeld und Bildraum, von dessen (An-)Blick
sich die PatientInnen im Isenheimer Antoniter-Hospital ansprechen und

beanspruchen lassen und in das/den sie sich selbst hineinsehen, angeht, so wird gewöhnlich vermutet, daß die Kranken unmittelbar nach ihrer Aufnahme vor die Kreuzigungsszene geführt wurden. Der Anblick der übergroßen Gestalt des Gekreuzigten sollte eine Art *Schocktherapie* einleiten, ermöglicht dadurch, daß Grünewald wie kein Künstler vor ihm dem Leib des Hingerichteten die Gewaltsamkeit des Kreuzestodes eingezeichnet hat: Er ist von Stacheln zerrissen, mit Dornen bespickt, von ekelerregenden eitrigen Wunden übersät und bereits gräulich-grün verfärbt. Der Kreuzestod Jesu ist hier durch nichts religiös verklärt, überhöht oder verherrlicht, sondern als grausames, qualvolles Sterben eines Menschen in Szene gesetzt. Ob nun der Anblick seiner Wunden und seines Leidens die schwerkranken Patienten der Solidarität des Gekreuzigten, seines Mitleidens mit ihnen vergewissern, oder ob sich angesichts seiner Todesqualen ihr eigenes Elend relativieren sollte, bleibt offen. Aber wie auch immer die Deutung ausfällt, sie geht davon aus, daß die geschlossene Ansicht des Isenheimer Altars mit dem Kreuzesbild in der Mitte seine *Alltagsansicht* darstellt.

Demgegenüber hat Reiner Marquard in seiner Rekonstruktion eines theologischen Bildprogramms einen *Perspektivenwechsel* vorgenommen (vgl. Marquard 1996, 35ff, bes. 50–59). Er geht von der zweiten Öffnung aus und lenkt unser Augenmerk auf die Darstellung der Versuchung des Antonius (rechter Seitenflügel): Am unteren linken Bildrand kauert eine Gestalt, die man bisher meist für eines der vielen Horrorwesen dieser Versuchungsszene, für einen entenfüßigen Dämon etwa, gehalten hat. Doch Marquard erkennt in dieser Gestalt aufgrund ihrer Krankheitssymptome und ihrer Kleidung den „wahren Insassen" des Spitals, der im zerrissenen Beutel die Bibel festhält und dessen Klage auf dem beschrifteten Zettel am Baumstrunk rechts unten im Bild zu lesen ist: *„Ubi eras bone Jhesu, ubi eras? Quare non affuisti ut sanares vulnera mea?"* – *„Wo warst du, guter Jesus, wo warst du? Warum bist du nicht erschienen, um meine Wunden zu heilen?"* Es ist dieser Kranke neben dem von schrecklichen Dämonen heimgesuchten Antonius, über den nach Marquard die Patienten des Isenheimer Spitals in die Bildwelt des Altars eintreten; in ihm sehen sie ihre eigene Krankheit verkörpert. In seine Klage stimmen sie bei der Aufnahme in das Ordenshospital ein, um sich mit den Wandlungen des

Altars dann selbst an Leib und Seele verwandeln zu lassen. Sich im Leib dieses Kranken in den Bildraum des Altars hineinsehend, begeben sie sich auf einen Weg, der *Heil und Heilung* zusammenhält, auf dem *Theologie und Therapie* nicht auseinanderfallen.

Reiner Marquard beansprucht mit seiner Deutung nicht, die historische Absicht, sei es die des Auftraggebers, sei es die Grünewalds selbst, zu rekonstruieren. Er betrachtet den Altar mit Umberto Eco als „offenes Kunstwerk" und will in ihm „wahrnehmen, was dem Leben dienlich ist" (1996, 1). Aber er hält seinen Perspektivenwechsel auch nicht für einen willkürlichen, sondern für einen von den Altartafeln selbst herausgeforderten.

Angeregt durch Marquards Perspektivenwechsel und unter ähnlichen hermeneutischen Prämissen, möchte ich die ursprüngliche *theologisch-therapeutische* Funktion des Isenheimer Altars für eine feministisch-theologische Sichtweise seiner Kreuzigungsszene und damit für eine kritische Re-Vision traditioneller Kreuzestheologien, wie sie aus der Ansicht der rechten Bildhälfte gewonnen werden, aufgreifen. Von welchem (An-)Blick dieses Bildes lassen sich Frauen beanspruchen, wo sehen sie sich in diese Kreuzigungsszene hinein?

Links vom Kreuz stehen – oder: Feministische Blicke auf die Isenheimer Kreuzestafel

Händeringend, himmelschreiend, sich ausstreckend nach neuem Leben aus dem Tod: Wie Maria Magdalena zu Füßen des Gekreuzigten kniet, stehen heute Frauen neben der kirchlichen Verkündigung und den Lehrgebäuden traditioneller Kreuzestheologien und beklagen ihr „Kreuz mit dem Kreuz" (vgl. etwa Valtink 1990; Schottroff 1990; Strobel 1991). Sie durchbrechen ihr Schweigen und richten radikale Anfragen an das Gottes- und Menschenbild, das Verständnis von Erlösung und die exklusive Rolle des Erlösers in herkömmlichen Kreuzestheologien. „Vom Verlangen nach Heilwerden" bewegt, suchen sie über deren not-wendige Kritik hinaus „nach einer Figur der Erlösung, die nicht übergeschichtlich, ewig-männlich, nekrophil, fundamentalistisch und antijudaistisch ist" (Sölle 1996b, 136; vgl. 1993.1996a).

So wie Judith Plaskow in ihrer jüdisch-feministischen Theologie „Und wieder stehen wir am Sinai" jüdische Frauen jeder neuen Generation am Ort der Gottesoffenbarung und der Toragabe stehen läßt, treten christliche Frauen in der Gestalt der Jüngerin aus Magdala in die *linke* Bildhälfte der Isenheimer Kreuzestafel ein. Mit Maria Magdalena harren sie selbst beim Gekreuzigten aus.

Entgegen der traditionellen *Enttheologisierung* oder *heilsgeschichtlichen Disqualifizierung* der linken Bildgruppe verknüpfen feministische Theologinnen mit ihr eine „stille Gegentheologie aus den Evangelien" (Moltmann-Wendel 1991, 554). Diese „Gegentheologie" entdeckt die soteriologische Kraft der Beziehung (vgl. Heyward 1986; Moltmann-Wendel 1991) wieder. Statt die Erlösung als Werk eines „einsamen Helden" (Grey) zu begreifen, auf den ein nicht weniger einsamer Rufer in der Wüste hinweist, wird sie zur gemeinsamen Aufgabe einer messianischen Gemeinschaft, die in wechselseitigen Beziehungen untereinander, mit Jesus und mit Gott steht. Gott selbst kann dabei als „die Macht in Beziehung" (Heyward 1986, 30 u.ö.) in den Blick kommen. ➜ Sünde wird bestimmt als die Verleugnung und das Verkümmernlassen der eigenen Beziehungsmacht, als das mangelnde Vertrauen in die eigenen Fähigkeiten, an der ➜ Erlösung mitzuarbeiten.

Einige Motive dieser hier nur angedeuteten „Gegentheologie" finde ich in der Gruppe links vom Kreuz wieder. Sie erzählt vom körperlich sichtbaren Schmerz dreier Menschen, die je auf ihre Weise eine ganz intensive und intime Beziehung zu Jesus hatten und haben: als Mutter, als Jünger, *„den Jesus lieb hatte"* (Joh 13,23; 19,26; 20,2; 21,7.20), als Frau, die von ihm geheilt wurde (Lk 8,2) und seither ihr Leben mit ihm geteilt hat. Doch ihr Schmerz, ihre Klage und Trauer sind nicht nur Ausdruck einer rückwärtsgewandten Sehnsucht, die die Vergangenheit mit dem lebenden Sohn, Freund und Vertrauten festhalten und die Gegenwart des Todes nicht wahrhaben will. Aus ihnen spricht nicht nur Verzweiflung und Ohnmacht. Indem die linke Bildhälfte vom Bleiben, der Solidarität und dem mitleidenden Standhalten unterm Kreuz erzählt, bewahrt sie die Erinnerung an ein widerständiges und mutiges Tun. Die beiden Frauen und der Lieblingsjünger (nach dem Zeugnis des Johannesevangeliums gehört noch eine dritte Maria dazu; vgl. Joh 19,25) bleiben auch auf die

Gefahr des gesellschaftlichen und physischen Todes in der Niederlage und im Scheitern an der Seite des Hingerichteten. Ermächtigt durch die Gotteserfahrungen, die sie mit Jesus gemacht haben, bleiben sie ihm im Sterben treu. So re-präsentieren sie das gelebte Leben Jesu in den Stunden seines qualvollen Sterbens und zeigen dessen soteriologische Relevanz. Eine Reduktion der ➜ christologischen Heilsdaten auf Jungfrauengeburt und Inkarnation, Kreuzestod und Auferstehung wird so unmöglich. Das Leben Jesu ist für die drei Menschen in der linken Bildhälfte mehr als das Komma, das unser Glaubensbekenntnis ihm zwischen „geboren von der Jungfrau Maria, gelitten unter Pontius Pilatus" zugesteht.

Und es gibt noch mehr und noch deutlichere Anknüpfungspunkte für eine theologische Interpretation der linken Bildhälfte:

Da ist zunächst das als Symbol der Ohnmacht diskreditierte Salbgefäß Maria Magdalenas, das ihr auf fast allen bildlichen Darstellungen identifizierend beigegeben ist. Historisch stand es wahrscheinlich ebensowenig unter dem Kreuz wie der Täufer. Anders als dessen distanzierender Fingerzeig steht die Salbdose für liebevolle Zuwendung und Nähe. Im Blick auf die Beziehung zwischen Maria Magdalena und Jesus ist sie doppelt konnotiert: Einerseits weist das Salbölgefäß voraus auf die Absicht der Jüngerin, gemeinsam mit anderen Frauen den Toten nach seiner Bestattung durch Beträufeln mit aromatischen Ölen zu ehren (vgl. Mk 16,1ff par) – auf einen Liebesdienst am Gekreuzigten also, mit dem sie ihr eigenes Leben aufs Spiel setzen (vgl. Schottroff 1982). Andererseits setzt es die schon bald eingetretene Identifikation Maria Magdalenas mit der namenlosen Frau voraus, die Jesus nach Mk 14,3–9 par zum Begräbnis salbt, und erinnert so an ihre Einsicht in die *messianische* Würde Jesu.

Die Schönheit Maria Magdalenas, die Grünewald in ihr Gewand und in ihr Haar gemalt hat, die Erinnerung an den Duft des kostbaren Salböls, den selbst die verschlossene Salbdose noch zu verströmen scheint, stehen in krassem Gegensatz zur Häßlichkeit des entstellten Leibes des Gekreuzigten. Doch genau dieser Gegensatz wird nicht vorschnell durch eine Deutung des Todes im Licht der Auferstehung geglättet. Ihm wird standgehalten.

Und da ist zweitens die Zuwendung des Jüngers Johannes zu Maria, der Mutter Jesu. Mit dieser Zweiergruppe hält Grünewald die Erinnerung wach, daß nach der Überlieferung des Johannesevangeliums Jesus noch vom Kreuz aus neue Beziehungen stiftet – Beziehungen, die über seinen Tod hinausweisen, und daß seine letzte Sorge seiner Mutter gilt: *„Als nun Jesus die Mutter sah und neben ihr den Jünger stehen, den er lieb hatte, sagte er zur Mutter: Frau, siehe, dein Sohn! Hierauf sagte er zum Jünger: Siehe, deine Mutter! Und von jener Stunde an nahm sie der Jünger in sein Haus."* (Joh 19,26f) Zwei Menschen, mit denen Jesus selbst tief verbunden ist, verweist er vor seinem eigenen Tod aneinander. Die Beziehung, die er zu ihnen gehabt hat, wird weiterleben in der neuen Gemeinschaft zwischen Maria und dem Jünger Johannes, die füreinander Mutter und Sohn sein werden – ohne blutsmäßige Verwandtschaftsbindungen, verbunden vielmehr über das, was sie mit Jesus verbindet. Das ökonomisch und sozial gefährdete Leben der Witwe, deren ältester Sohn als politischer Verbrecher hingerichtet wird, vertraut dieser dem geliebten Jünger an. Und Johannes nimmt die ihm zugemutete Verantwortung wahr und Maria in sein Haus auf. Sie werden füreinander sorgen, sich gegenseitig trösten und bestärken, werden versuchen, Jesu Tod im Licht *der* Gotteserfahrungen sehen zu lernen, die sie zu seinen Lebzeiten gemacht haben …

Ich möchte diese kleine Szene im Passionsbericht des Johannesevangeliums verstehen als Antwort Jesu auf die Frage, die er selbst zu Beginn desselben Evangeliums, genauer: in der Erzählung von der Hochzeit zu Kana, an seine Mutter gerichtet hat: *„Was ist mit mir und dir, Frau?"* (Joh 2,4) Beim Wort genommen, ist das eine offene Beziehungsfrage, die aber in unseren Bibelübersetzungen einseitig negativ aufgelöst wird: *„Was habe ich mit dir zu schaffen, Weib?"* Was zwischen Jesus und seiner Mutter ist, davon erzählen Joh 19,26f und die Zitierung dieser Verse im Isenheimer Kreuzigungsbild.

All das ist Kreuzestheologie, wahrgenommen in der zum Blickfeld und Bildraum feministischer *Re-Vision* gewordenen *linken* Bildhälfte der Isenheimer Kreuzestafel.

Demgegenüber kommt die *rechte* Bildhälfte, kommen Täufer und Lamm als Gegenstand der *Kritik* in den Blick, und diese Kritik gilt zunächst der *Wirkungsgeschichte* einer Kreuzestheologie, wie sie hier ins Bild gesetzt ist, und sie re-agiert auf individuell und kollektiv widerfahrene Unterdrückung im Zeichen des Kreuzes. So entlarvt sie etwa die Aushöhlung des „Einfürallemal": Das Bekenntnis, daß Gott in Jesus Christus *endgültig* und *für alle gültig* die Menschen mit sich versöhnt habe, wird ad absurdum geführt, wo für Schuld und Versagen, Unheil und Mißlingen weiterhin Sündenböcke gesucht werden, wo Opfer bis hin zur Selbstaufopferung im Namen Gottes gefordert werden, wo man uns immer noch predigt, unser eigenes Kreuz auf uns zu nehmen und unsere Lebenslust zu kreuzigen. Spuren davon finden sich in fast allen unserer Passionslieder. Wo das geschieht, wird das befreiende Wort vom Kreuz in sein Gegenteil verkehrt. Da bestätigt die freiwillige Lebenshingabe Jesu (vorausgesetzt, daß wir seinen Lebensweg und seinen Tod überhaupt so deuten wollen) nicht das Ende aller Opfer im Namen Gottes, sondern wird zu Herrschaftszwecken instrumentalisiert. Feministische Kritik klagt an, daß Menschen klein gemacht worden sind mit dem Wort vom Kreuz (*„Jener muß wachsen, ich aber abnehmen!"* – Joh 3,30), während es uns doch gerade aufrichten und ermächtigen soll, „Protestleute gegen den Tod" (Chr. Blumhardt) zu sein. Feministische Kritik widerspricht den Sündenlehren, die Frauen eine besondere Verantwortung für das Böse in der Welt und demzufolge eine größere Schuld am Tod Jesu anlasten und entsprechend größere Sühneleistungen von ihnen fordern.

Aber es ist nicht nur die *Wirkungsgeschichte* einer Kreuzestheologie, wie sie mit dem Täufer und dem Lamm aus der rechten Bildhälfte spricht, die zum Anlaß feministischer Kritik wird. Auf dem Prüfstand steht die *Sühnopferkonzeption selbst,* die in der Isenheimer Kreuzestafel ihren ikonographischen Ausdruck im blutenden Lamm mit Kreuz und Meßkelch findet. Kann mit ihr die Heilsdimension des Kreuzestodes überhaupt entdeckt werden? Ist sie nicht – so wird im Sinne einer Hermeneutik des Verdachts gefragt – allein die Deutung derer, die gerade nicht wie die Frauen und der Lieblingsjünger ausharrten unter dem Kreuz, sondern flohen, Jesus im Stich ließen und dann nach einer Möglichkeit suchten, mit dieser Schuld fertigzuwerden? Aus der Vorstellung, daß Gott den Tod Jesu nicht nur nicht verhindert hat, sondern ihn zur Begleichung menschlicher Schuld als stellvertretendes Sühnopfer den Menschen zugute hält, spricht ein Gottesbild, für das viele Frauen nur noch das Etikett „Sado-Masochismus" übrig haben.

Feministische Perspektiven auf traditionelle Kreuzestheologien decken in Kritik und Re-Vision deren blinde Flecken, ihre Einseitigkeiten und Ausblendungen, ihren Mißbrauch des Wortes vom Kreuz und ihre Schuldgeschichte auf. Sie legen Spuren einer vergessenen und verschwiegenen, verdrängten und verstellten „Gegentheologie" frei. Beides ist notwendig und unverzichtbar, wenn im Wort vom Kreuz *Heil und Heilung* zusammengehören sollen.

Gleichwohl muß sich diese so wiederentdeckte und neugesehene „Gegentheologie" *selbstkritisch* befragen, ob sie nicht in der Gefahr steht, die einseitige Sichtweise, die Ausblendungen und blinden Flecken der kritisierten Traditionen *unter umgekehrtem Vorzeichen zu wiederholen*. Wie in der *traditionellen* theologischen Deutung rechte und linke Bildhälfte der Kreuzigungsdarstellung des Isenheimer Altars als *Gegenbilder* auseinandertreten: der wahre, weil von sich selbst wegweisende Hinweis auf den Gekreuzigten und die richtige, weil schriftgemäße Deutung des Kreuzestodes auf der rechten Seite; demgegenüber Unverständnis, Verzweiflung, Ohnmacht und Unglaube im Angesicht des Todes auf der linken Seite, so ordnen auch feministische Blicke Kritik und Re-Vision je einer der beiden Bildhälften zu, nun in genau gegenläufiger Bewertung.

Beide Male trennt der Gekreuzigte in der Bildmitte die Menschen, die unter dem Kreuz stehen, anstatt sie zu verbinden. Doch kann ihn eine der beiden Auslegungen auf ihre Seite ziehen, ihn allein für sich reklamieren, ohne das Wort vom Kreuz zu halbieren?

Wir haben gesehen, was traditionellen Kreuzestheologien verlorengegangen ist, als sie auf eine theologische Deutung der linken Bildgruppe verzichteten. Kann aber – nun umgekehrt – die feministische Re-Vision der Isenheimer Kreuzigungsdarstellung bei aller berechtigten und notwendigen Kritik an der rechten Bildhälfte auf deren kreuzestheologische Motive ganz und gar verzichten, ohne selbst wichtige Aussagen einer heilvollen Deutung des Kreuzes auszublenden? Bleibt sie nicht vielmehr – wie die traditionelle Kreuzestheologie auf Motive der linken Bildgruppe – ihrerseits auch auf Deutungsmomente angewiesen, die sich mit Täufer und Lamm verbinden?

„Nur der gekreuzigte beide Arme weit offen …" – oder: Wider die Halbierung des Bildes vom Kreuz

Ecce Homo

Weniger als die Hoffnung auf ihn

das ist der Mensch
einarmig
immer
Nur der gekreuzigte
beide Arme
weit offen
der Hier-bin-ich
Hilde Domin

Während wir uns bisher über die rechte *oder* linke Bildhälfte in die Isenheimer Kreuzigungstafel hineingesehen haben, müssen wir nun noch einmal auf den Gekreuzigten in der Bildmitte, genauer: rechts vom Mittelspalt des Wandelaltars, blicken. In seinen toten Leib hat Grünewald die Folterspuren, die Hinrichtungsmale und den quälenden Todeskampf bedrängend real eingezeichnet. Dieser Todesdarstellung fehlt jede Weichzeichnung, jede Überhöhung, jede Verklärung des Leidens und jede theologische Sinnstiftung (vgl. Angenendt 1990) – wenn wir von der Kreuzesinschrift einmal absehen. Ungeschminkt zeigt sie die Gewalt, der Jesus zum Opfer gefallen ist. Das grelle Licht, das von vorn rechts ins Bild fällt, hebt den Gekreuzigten und seine Zeugen vom dunklen Hintergrund einer unwirtlichen Landschaft ab und leuchtet die Schrecken und das Grauen dieser Szene erbarmungslos aus. Dem Gekreuzigten sind Hören und Sehen vergangen: Die Augen sind geschlossen; ein großer Stachel der wilden Dornenkrone auf seinem Kopf ist in sein linkes Ohr eingedrungen. Zwischen den geöffneten Lippen, auf denen der Todesschrei erstorben ist, quillt die geschwollene Zunge hervor. Der Kopf ist zur Seite gefallen, die Dornenkrone zersticht ihm die rechte Schulter. Wie blutende und eiternde Münder bedecken die entzündeten Wunden seinen Körper. Die Finger seiner durchbohrten Hände sind krampfhaft gespreizt und schmerzverkrümmt. Auf dem Holzblock am Kreuzesstamm finden seine Füße keinen Stand, er bietet nur dem einen Nagel Halt, der durch beide Füße getrieben ist.

Ist der Fußblock traditionell ein Bildzeichen „für einen Gekreuzigten, der auch am Kreuz noch Stand behält, nicht total durchhängt", „symbolisiert er so etwas wie eine Sprungkraft des Gottessohnes in die Auferstehung hinein", malt man den Gekreuzigten „stehend am Kreuz mit Blick auf seine Auf-Er-Stehung" (Marquardt 1997, 88), dann bleibt Grünewalds Gekreuzigter über dieser Möglichkeit hängen, ist sie ihm nicht erreichbar. „Für ihn kommt seine Auferstehung nicht in Frage, und wenn es für ihn außer der Kreuzabnahme und der Grablegung überhaupt noch Zukunft geben sollte, kann es nur Auf*erweckung* aus dem Grabe sein, nicht Auferstehung." (ebd.) Hier stirbt kein Gottessohn, der eigener Auferstehung mächtig ist, sondern ein Mensch. Kein goldener Hintergrund, kein offener Himmel, kein Heiligenschein umgeben verklärend den Festgenagelten; kein Gott und keine Engel lindern die Schmerzen des Gekreuzigten. Er stirbt gottverlassen, aber eben nicht mutterseelenallein.

Entspricht diesem Toten nicht viel eher das Ausharren der beiden Frauen und des Lieblingsjüngers unter dem Kreuz als der hinweisend-distanzierte Fingerzeig des Täufers und das Sühnopfersymbol des Lammes? Gehört dieser Gekreuzigte nicht den Menschen der linken Bildgruppe?

Doch die Arme dieses Toten, der aller Herrlichkeit entkleidet ist, sind am Querbalken des Kreuzes über die Menschen auf *beiden* Seiten ausgespannt: Wenn nach dem Zeugnis des Johannesevangeliums Jesus im Augenblick seines Todes seinen Geist an die Menschen unterm Kreuz weitergibt (Joh 19,30), Karfreitag und Pfingsten hier also zusammenfallen, und wenn wir bedenken, daß in der Bibel Segen und Geist ganz eng zusammengehören (vgl. Jes 44,3; Gal 3,14), dann können wir die ausgebreiteten Arme des Gekreuzigten mit den geöffneten Händen und gespreizten Fingern sogar als Segensgeste verstehen.

Der übergroße Leib des Gekreuzigten ist seltsam verrenkt: In der Bildhälfte des Täufers hängend, auf den auch seine Füße weisen, dreht er sich doch immer mehr zur linken Gruppe hin. Und bei genauerem Hinsehen erkennt man, daß auch das Holzkreuz, das aus nicht nur technischen Gründen aus der Bildmitte nach rechts ver-rückt ist, ausgerenkt ist: Auch hier ist der untere Teil des Längsbalkens mit dem Fußblock dem Täufer zugedreht, während der obere mit dem Querbalken in die entgegengesetzte Richtung weist (vgl. Harth 1991, bes. 261). In der rechten Bildhälfte hängend, scheint der Gekreuzigte sich vom Täufer und vom Lamm ab- und den trauernden Frauen und dem Lieblingsjünger zuwenden zu wollen, aber eben mit dieser Drehung und den geöffneten Armen gehört er auf beide Seiten.

Gerade weil Grünewald dem Gekreuzigten jede Heilsbedeutung seines Todes vom Leib gehalten hat, gerade weil hier das Blut aus der Seitenwunde des Hingerichteten *nicht* – wie auf zeitgenössischen Kreuzigungsbildern – direkt in den Meßkelch fließt, gerade weil der Gekreuzigte *selbst* hier nur *Gewalt*opfer und nicht *Sühn*opfer ist, gerade deshalb schreit alles nach einer theologischen Deutung. Kreuzes*theo*logie heißt ja, danach zu fragen, was Gott mit diesem Gekreuzigten zu tun hat. Der Schrei Jesu *„Mein Gott, mein Gott, warum hast du mich verlassen?!"*, die ringenden, flehenden und klagenden Hände Maria Magdalenas, der Schmerz Marias und des Lieblingsjüngers – das alles ruft den abwesenden Gott in diese Szene hinein. Und läßt sich nicht auch der lange Zeigefinger des Täufers so verstehen, daß er damit nicht nur die BetrachterInnen des Bildes, sondern auch *Gott selbst* auf den Gefolterten und zu Tode Gequälten hinweist, *Gottes* Eintreten zugunsten dieses *einen* und damit *aller* Entrechteten herausfordert?

Und das Lamm, das tödlich verwundet dennoch lebt und aufrecht das Kreuz trägt, steht ja nicht nur mit seinem vergossenen Blut für die Deutekategorie des Sühnopfers. Es ist auch transparent für die Durchbrechung der Gewaltspirale und die Überwindung der Fluchbesessenheit unserer Lebenswirklichkeit. Es präludiert die apokalyptischen Loblieder: *„Würdig ist das Lamm, das geschlachtet ist, zu empfangen die Macht und Reichtum und Weisheit und Stärke und Ehre und Herrlichkeit und Segen."* (Offb 5,12) Das Kreuzigungsbild des Isenheimer Altars ist kein Auferstehungsbild, aber in Gestalt des Lammes bezeugt es die *begründete* Hoffnung darauf, daß der Täter nicht ewig über sein Opfer triumphieren wird. Und es ist der Täufer, der mit der Schrift in der Hand durch seinen Fingerzeig den Zusammenhang zwischen dem Gekreuzigten und dem Lamm allererst herstellt. Ohne die hebräische Bibel in der Hand läßt sich dieser Tod überhaupt nicht *theologisch* deuten.

Eine feministische *Kreuzes*theologie, die ➔ Auferstehung nicht nur – mit Verweis auf Marie Luise Kaschnitz' Gedicht „Manchmal stehen wir auf ..." (Kaschnitz 1979, 73f) – als *Aufstehen* aus Todeserfahrungen mitten im Leben (vgl. Praetorius/Strahm/Sutter Rehmann 1997) und als *Aufstand* gegen Gewalt und Tod hier und heute versteht (beides ist not-wendig und unverzichtbar!), sondern auch und zuerst von der *Auferweckung* des Gekreuzigten durch Gott als Entmachtung *des* Todes spricht, den die Bibel „*der Sünde Sold*" (Röm 6,23) nennt, muß noch geschrieben werden. Indem Dorothee Sölle in ihren feministisch-christologischen Texten mit dem Kolosserbrief vom auferweckten Gekreuzigten als dem „*Erstgeborenen von den Toten*" (Kol 1,18; vgl. 1 Kor 15,20) spricht, hat sie die Richtung für eine solche feministische Kreuzestheologie gewiesen.

Daß Frauen „an der Auferstehung (...) scheitern (können), wie die Jünger am Kreuz scheiterten" (Moltmann-Wendel 1991, 557), darauf hat Elisabeth Moltmann-Wendel wiederholt aufmerksam gemacht. In ihrer Beziehungsstärke, ihrer Solidarität und ihrem Mitleiden harren sie unter dem Kreuz aus und wagen den lebensgefährlichen Gang zum Grab; die Auferstehungsbotschaft dagegen versetzt sie in Angst und Schrecken, schlägt sie in die Flucht und macht sie stumm (Mk 16,1–8). Sie brauchen Zeit, um nach dem Grauen des Kreuzes eine neue Beziehung zum Leben zu finden.

Auch Maria Magdalena hat erst schmerzhaft lernen müssen, daß leibliche Nähe und heilvolle Berührung nicht die einzige Form von Beziehung ist, die sie mit Jesus verbindet. Mit einem „*Rühr' mich nicht an!*" hat der auferweckte Gekreuzigte sie in der Begegnung am Ostermorgen von sich weg gewiesen, als sie ihn wie *vor* seinem Tod berühren und festhalten wollte (vgl. Joh 20,17). Was *weg*weisend ist, kann aber auch *Weg*-weisend sein. Und manchmal sind „Distanz und Hinweis" Weg-weisender als Nähe und Berührung. Maria Magdalena jedenfalls hat dieses „*Rühr' mich nicht an!*" den Weg gewiesen vom Ort des Todes zurück ins Leben, in die Gemeinschaft der anderen Jüngerinnen und Jünger. Weil sie der Kreuzigung standgehalten hat *und* weil sie nicht für immer unter dem Kreuz stehen geblieben ist, konnte sie zur ersten Auferstehungszeugin, zur Apostolin der Apostel, werden.

Feministische Kreuzestheologie *zwischen Traditionsbruch und Traditionstreue* kann im Blick auf und im Blickwechsel mit Maria Magdalena lernen, „Bewahren und Verändern zu verbinden, Abschied und Treue zu vereinen, zugleich festzuhalten und loszulassen, zu bleiben und zu gehen" (Ebach 1989, 167). Niemand von uns kann gleichzeitig auf beiden Seiten des Kreuzes stehen; es kommt aber darauf an, nicht für immer auf *ein und derselben Seite* stehenzubleiben.

Literatur

Arnold Angenendt, Das Kreuzigungsbild auf Grünewalds Isenheimer Altartafel, in: Katechetische Blätter 115 (1990) 330–338.

Karl Barth, Biblische Fragen, Einsichten und Ausblicke (1920), in: Das Wort Gottes und die Theologie. Gesammelte Vorträge, 2. Aufl. München 1925, 70–98.

Ders., Briefe 1961–1968 (GA V/6), Jürgen Fangmeier und Hinrich Stoevesandt (Hg.), Zürich 1975.

Ders., Die Kirchliche Dogmatik (=KD) I/1, 4. Aufl. Zollikon-Zürich 1944.

Ders., Konfirmandenunterricht 1909–1921 (GA I/18), Jürgen Fangmeier (Hg.), Zürich 1987.

Hilde Domin, Gesammelte Gedichte, Frankfurt/Main 1987, 345.

Jürgen Ebach, Loslassen und Bleiben, in: Theologische Reden, mit denen man keinen Staat machen kann, Jürgen Ebach, Bochum 1989, 161–167.

Mary Grey, Jesus – einsamer Held oder Offenbarung beziehungshafter Macht? Eine Untersuchung feministischer Erlösungsmodelle, in: Vom Verlangen nach Heilwerden. Christologie in feministisch-theologischer Sicht, Doris Strahm; Regula Strobel (Hg.), Fribourg-Luzern 1991, 148–171.

Dietrich Harth, Memoria eschatologica. Versuch über Matthias Grünewalds Isenheimer Altar, in: Mnemosyne. Formen und Funktionen der kulturellen Erinnerung, Aleida Assmann; Dietrich Harth (Hg.), Frankfurt/Main 1991, 242–273.

Carter Heyward, Und sie rührte sein Kleid an. Eine feministische Theologie der Beziehung. Mit einer Einleitung von Dorothee Sölle, Stuttgart 1986.

Marie Luise Kaschnitz, Seid nicht so sicher. Geschichten, Gedichte, Gedanken, Gütersloh 1979.

Reiner Marquard, Karl Barth und der Isenheimer Altar (Arbeiten zur Theologie 80), Stuttgart 1995.

Ders., Mathias Grünewald und der Isenheimer Altar. Erläuterungen – Erwägungen – Deutungen, Stuttgart 1996.

Friedrich-Wilhelm Marquardt, Eia, wärn wir da – eine theologische Utopie, Gütersloh 1997.

Elisabeth Moltmann-Wendel, Beziehung – die vergessene Dimension der Christologie. Neutestamentliche Ansatzpunkte feministischer Christologie, in: Vom Verlangen nach Heilwerden. Christologie in feministisch-theologischer Sicht, Doris Strahm; Regula Strobel (Hg.), Fribourg–Luzern 1991, 100–111.

Dies., Zur Kreuzestheologie heute. Gibt es eine feministische Kreuzestheologie?, in: Evangelische Theologie 50 (1990) 546–557.

Judith Plaskow, Und wieder stehen wir am Sinai. Eine jüdisch-feministische Theologie, Luzern 1992.

Ina Praetorius; Doris Strahm; Luzia Sutter Rehmann, „Manchmal stehen wir auf ..." Gespräch über Auferstehung, in: Evangelische Theologie 57 (1997) 225–241.

Luise Schottroff, Kreuzigungen. Feministisch-theologische Kritik und Re-Vision christlicher Kreuzestheologie, in: Kontroverse um das Kreuz Jesu. Neutestamentliche und feministisch-theologische Überlegungen, Brigitte Engel-Hiddemann (Hg.), Evangelische Akademie Mülheim/Ruhr 1990, 18–25.

Dies., Maria Magdalena und die Frauen am Grabe Jesu, in: Evangelische Theologie 42 (1982) 3–25.

Dorothee Sölle, Warum brauchen wir eine feministische Christologie?, in: Evangelische Theologie 53 (1993) 86–92.

Dies., Der Erstgeborene aus dem Tod. Dekonstruktion und Rekonstruktion von Christologie, in: Ihr aber, für wen haltet ihr mich? Auf dem Weg zu einer feministisch-befreiungstheologischen Revision von Christologie, Renate Jost; Eveline Valtink (Hg.), Gütersloh 1996, 64–77 (=1996a).

Dies., Christologie auf der Anklagebank, in: Junge Kirche 57 (1996) 130–140 (=1996b).

Ann Stieglitz, Wie man sich an den Krieg erinnert: Geschlechtsspezifische Unterschiede bei Darstellungen des Leids, in: Denkräume zwischen Kunst und Wissenschaft. 5. Kunsthistorikerinnentagung in Hamburg, Silvia Baumgart u.a. (Hg.), Berlin 1993, 236–257.

Regula Strobel, Feministische Kritik an traditionellen Kreuzestheologien, in: Vom Verlangen nach Heilwerden. Christologie aus feministisch-theologischer Sicht, Doris Strahm; Regula Strobel (Hg.), Fribourg–Luzern 1991, 52–64.

Eveline Valtink, (Hg.), Das Kreuz mit dem Kreuz. Feministisch-theologische Anfragen an die Kreuzestheologie – Ansätze feministischer Christologie (Hofgeismarer Protokolle 273), Hofgeismar 1990.

Bernhard Waldenfels, Sinnesschwellen. Studien zur Phänomenologie des Fremden 3, Frankfurt/Main 1999.

Sünde

Es wird in der christlichen Theologie behauptet, das christliche Menschenbild sei von der Vorstellung bestimmt, daß alle Menschen ausnahmslos Sünder und Sünderinnen seien. Nur das Christusgeschehen bedeute Vergebung der wesensmäßigen Sünde „des" Menschen. Diese Sündentheologie hat vor allem auf zwei Gebieten Folgen: in der Gesellschaft und in der Kirche. Auch in der postchristlichen Gesellschaft wird mit der Sündigkeit „des" Menschen die Notwendigkeit gerechter Kriege (schuldig werden wir auch, wenn wir keinen Krieg führen) und die Notwendigkeit des Kapitalismus als Wirtschaftssystem begründet (nur der wirtschaftliche Egoismus ist die Antriebskraft einer funktionierenden Wirtschaft). In der Kirche wird mit der Sündentheologie – eigentlich im Widerspruch zur eigenen dogmatischen Vorgabe der Sündenvergebung durch Christus – eine Verkündigung der Sünde praktiziert: Du bist sündig, Christus ist um deiner Sünden willen gestorben, du kannst nichts tun, du stehst vor Gott mit leeren Händen, aus eigener Kraft etwas verändern zu wollen, ist Aufruhr gegen Gott. Diese Sündenverkündigung bewirkt Festschreibung der Schuldgefühle und Passivität. Sie ist unterdrückend und nicht befreiend. Sie wurde und wird als Argument gegen Befreiungsbewegungen wie z.B. die Feministische Theologie eingesetzt. Diese Sündenverkündigung sollte vollständig aus der christlichen Theologie verschwinden. Aus der fundierten feministischen Kritik an der Sündentheologie sollten endlich Konsequenzen gezogen werden. Letztere verkehrt das befreiende Evangelium zu einem Unterdrückungsinstrument und ist unbiblisch.

Wir werden in unserem Leben schuldig, wir leben in weltweiten Schuldzusammenhängen, die von Befreiungstheologien zu Recht „strukturelle" Sünde genannt werden. Als Glieder einer westlichen Industriegesellschaft

profitieren wir mit unserem Wohlstand von Waffenhandel oder Natur-
ausbeutung – auch wenn dieser Zusammenhang oft nicht leicht zu erkennen ist. Wie kann angesichts der individuellen Schuld und der strukturellen Schuldverstrickung ein befreiender Umgang mit Schuld und Sünde
zurückgewonnen werden? Die biblische Tradition – kontextuell/sozialge-
schichtlich gelesen – ist dabei eine entscheidende Hilfe.

Im Ersten Testament gibt es keine theoretische Sündenlehre, vielmehr
geht das Reden über Sünde und Schuld auf konkrete Erfahrungen zurück
und beruht auf einer tiefen Einsicht in die Schuldverfallenheit der Menschen. Dabei ist Sünde aber weder ontologisch, als Seinsbestimmung
einer gefallenen Menschheit, noch deterministisch im Sinne der christlichen Lehre von der Erbsünde gemeint. Die Beschreibungen von Sünde
und Schuld beziehen sich zumeist auf das konkrete Handeln der Menschen (vgl. z.B. Ez 18,10ff; Hos 4,1f). Ersttestamentliche Texte spiegeln
von daher die Vorstellung, daß es für den Menschen grundsätzlich möglich ist, den Weg der Gerechtigkeit zu gehen (vgl. z.B. Ez 18,5–9) und als
gerecht vor Gott zu gelten (so z.B. Noah in Gen 6,9; 7,1). Wenn im
Ersten Testament von Sünde und Schuld gesprochen wird, ist die Verletzung des Gemeinschaftsverhältnisses der Menschen untereinander oder
zwischen den Menschen und Gott im Blick. Verfehlungen gegen einzelne
Gebote sind insofern von Bedeutung, da sie das Gemeinschaftsverhältnis
schützen sollen.

Eine andere Vorstellung von Sünde findet sich im Neuen Testament. Vor
allem der Römerbrief bietet eine ausführliche Sündentheologie. Die
Sünde ist wie eine personifizierte Macht vorgestellt, die über alle Menschen herrscht und schon von Anfang an existierte. Aber erst durch das
Gesetz Gottes bekam sie das Instrument, ihre Macht wirksam werden zu
lassen (vgl. Röm 7,11). Nach Paulus ist es die Sünde, die den Menschen
verführt, d.h. ihn zu Übertretungen der Gebote Gottes bringt. Diese als
Sklavenherr (Röm 6,12–23), als Weltbeherrscher (Röm 5,12–21) oder als
dämonische Macht (Röm 7,14–25) vorgestellte Sünde bedient sich der
Gebote Gottes entgegen ihrer gottgewollten Intention. Paulus sagt nir-
gends, wie ihm vor allem von protestantischer Seite immer wieder unterstellt wird, daß der Wille des Menschen, das Gesetz zu erfüllen, Sünde sei.
Er sagt vielmehr, daß alle Menschen sündigen, weil alle umfassend das

Gesetz übertreten, d.h. nicht nach Gottes Willen leben (vgl. z.B. Röm 2,17ff; 3,9ff). Die falsche Lebenspraxis zerstört das gottgewollte Leben. Die falsche Lebenspraxis entsteht aus der allgegenwärtigen Macht der Sünde.

Die paulinische Sicht der Sünde als allgegenwärtige Macht ist im sozial-geschichtlichen Kontext der römischen Kaiserzeit zu begreifen. Dieser Hintergrund wird besonders sichtbar, wenn

a) die Bildsprache, mit der Paulus über die Sünde redet, sozialgeschicht-lich analysiert wird, und wenn

b) vergleichbare jüdische Texte zum Verständnis des Paulus herangezogen werden.

Die Bilder, mit denen Paulus Sünde beschreibt, sind Unterdrückungser-fahrungen im Römischen Reich entnommen: Die Sünde übt eine verskla-vende Weltherrschaft aus, ihr Herrschaftsraum ist der Kosmos (Röm 5,12.13). Sie hält den Menschen als Gefangenen (Röm 7,23). Sie ist Kriegs-herrin, die Sold bezahlt (Röm 6,23). Ihre Waffe ist der Mensch (Röm 6,13), ihr weltweites Herrschaftsinstrument ist der Tod (Röm 5,21). So unentrinnbar die Macht Roms ist, so unentrinnbar ist die Macht der Sünde: Alle sind unter der Sünde (Röm 3,9 u.ö.). Ein weiteres Bildfeld, mit dem Paulus Sünde beschreibt, ist die zeitgenössische Sklaverei. Diese Bilder bedeuten nicht, daß Paulus sagen will, der Kaiser in Rom verkör-pere die weltweite Sünde. Vielmehr macht er Unterdrückungserfahrun-gen im Alltag des Römischen Reiches – vor allem aus der Perspektive der kleinen Leute (genauer: der Männer der Bevölkerungsmehrheit) – trans-parent für die Todesorientierung des gesamten Lebens unter der Sünde.

Ein mit Paulus und seiner Sündenerfahrung vergleichbarer jüdischer Text ist das 4. Esrabuch. Es stammt aus der Zeit nach 70, als das jüdische Volk durch römische Kriegsgewalt, Verschleppung, Vergewaltigung und politi-sche Ohnmacht am Boden lag. Diese Erfahrungen werden in dem Buch deutlich benannt (siehe besonders 10,21–24). Das Volk lebt in einer Situ-ation, in der eigentlich niemand der Tora, dem Willen Gottes, gerecht wird. Der Seher und fiktive Autor des Buches, der mit Gott deswegen kämpft, verzweifelt darüber, daß die meisten Menschen vor Gott zugrun-de gehen, weil sie nicht nach Gottes Willen leben. Im 4. Esrabuch und seinen jüdischen Parallelen liegt ein dem Paulus vergleichbares Verständnis von Sünde als unentrinnbarer Macht vor, die das Halten der Tora verhindert und die Beziehung zum Gott Israels zerstört. Dies zeigt, daß sich Paulus in seinen Ausführungen zu Sünde in Übereinstimmung mit anderen jüdischen Schriften befindet. Unterscheidend ist der Glaube an Jesus als Messias. Nach paulinischem Verständnis bedeuten Tod und ➜ Auferstehung des Messias Jesus Gottes Eingreifen zugunsten der dem Leben entfremdeten Menschheit. Jetzt (*nyni*) sind wir befreit von der Zwangsherrschaft der falschen Praxis. Wir können „im neuen Leben wandeln" (Röm 6,4), d.h. nach der Tora leben.

Diese Botschaft ist das Herzstück der Theologie des Römerbriefes. Die Macht der Sünde, auch der weltweiten (modern gesprochen „strukturellen") Sünde, ist zu Ende. „Wir sind der Sünde gestorben" (Röm 6,1–11). Christi Tod und Auferstehung befreien uns dazu, nach der Tora zu leben, für Gerechtigkeit zu kämpfen und der Schuld in unserem Leben Widerstand entgegenzusetzen. Paulus' Rede vom Ende der Sündenherrschaft wird im Ton des Gotteslobes vorgetragen: „Gelobt sei Gott, daß er uns von dieser Todesmacht befreit hat." Paulus ist gerade in dieser Frage vorbildlich. Er verbindet eine scharfe Analyse von Schuldverstrickungen mit der Erfahrung, daß Befreiung daraus bereits geschehen ist. Seine Briefe sind voller Lieder des Dankes und der Begeisterung über das Ende der Schuld im Handeln nach Gottes Willen.

Literatur

Evi Krobath; Luise Schottroff, Art. Sünde, in: Wörterbuch der Feministischen Theologie, Elisabeth Gössmann u.a. (Hg.), Gütersloh 1991, 381–390.

Christine Schaumberger; Luise Schottroff, Schuld und Macht. Studien zu einer feministischen Befreiungstheologie, München 1988.

Luise Schottroff, Selbstgerechtigkeit vor Gott oder Gnade? Zum Verständnis von Sünde im Neuen Testament (Röm 7,14–25), in: Antijudaismus im Neuen Testament? Grundlagen für die Arbeit mit biblischen Texten, Dagmar Henze; Claudia Janssen; Stefanie Müller; Beate Wehn, Gütersloh 1997, 151–157.

Luise Schottroff

Andrea Bieler

ICH HABE ANGST Die Predigt vom Kreuz im narzißtischen Zeitalter*

Das Verschwinden des Kreuzes oder: Ich habe Angst

Die Künstlerin Rosemarie Trockel gestaltete im Jahre 1993 in der Apsis der alten gotischen Peterskirche in Köln eine Installation, die den Titel ICH HABE ANGST trug. Unter den Kirchenfenstern wurden diese drei Worte in Gestalt behäbiger, großer Lettern in der Art eines Tryptichons angebracht. Sie ersetzten die Kreuzesdarstellung. ICH HABE ANGST breitete sich in diesem gotischen Raum aus, der seit dem Mittelalter als eine Fluchtburg aus den Bedrohungen und Verzweiflungen des alltäglichen Lebens Menschen anzog und sie in eine andere Sphäre versetzte, in eine „Art Himmel auf Erden, eine Gegenwelt, die sich aus anderen Kräften nährte und innerlich stützte: aus Christus, den Heiligen ... und dem Lächeln der Engel." (Dickhoff 1993, 33) In dieser Fluchtburg war die Darstellung des gekreuzigten Christus das Zentrum. Indem Rosemarie Trockel dieses Zentrum verschwinden läßt und durch die drei Worte ICH HABE ANGST ersetzt, führt sie uns in eine Leerstelle hinein, die für viele religiös Suchende heutzutage evident ist. Nicht der Satz „Christus starb für unsere Sünden", sondern ICH HABE ANGST wird zur Chiffre, mit der ZeitgenossInnen ihre Lebenskrisen, die Furcht vor der Gestaltlosigkeit des eigenen Lebens und die Furcht vor dem ökologischen und ökonomischen Supergau ausdrücken. Die drei Worte bilden einen Satz, können aber auch für sich stehen: Das „Ich" verweist auf die Identitätsproblematik des bürgerlichen Subjekts, das „Haben" evoziert den kapitalistischen Imperativ; der Begriff der Angst ist assoziiert mit den persönlichen und kollektiven Bedrohungen des Lebens (vgl. Dickhoff 1993, 7).
Diese mächtigen Worte, die das Kreuz vertrieben und so den Raum entblößt haben, bringen aber nicht nur unsere Ängste zu Gehör, sondern

132

auch die des Jesus von Nazaret, der verlassen von den schlafenden Jüngern in Getsemani in seiner Angst zu Gott betete und sich im Todeskampf von ihm verlassen glaubte.

Das Verschwinden des Kreuzes hinter den Stimmen der Angst verweist auf die Schwierigkeiten, die wir heute mit der Predigt vom gekreuzigten Christus haben: Im Zeitalter des Narzißmus verschwindet die Frage nach der Vergebung der Sünden und der damit im Zusammenhang stehenden Schuldthematik und wird ersetzt durch die Frage: Bin ich wertvoll und liebenswert?

Dieser Annahme soll im folgenden nachgegangen werden, indem die Problematik der Predigt vom Kreuz im Horizont des narzißtischen Zeitalters beleuchtet wird. Im Anschluß daran werde ich einige Aspekte vorstellen, die im Hinblick auf die homiletische Praxis bedacht werden können, um die Stimmen der Angst nicht zu verdrängen, sondern sie auf den Ort des Leidens zu beziehen, an dem Gott uns in Christus eine Zuflucht gewährt hat, die von der Hoffnung auf Zukunft gespeist ist.

Das narzißtische Zeitalter

Die Analyse der Ursachen für die Ausbildung der narzißtischen Persönlichkeit in der psychosozialen Entwicklung des Kleinkindes hat zwischen RepräsentantInnen der Psychoanalyse und der Psychologie des Selbst, wie sie z.B. durch Heinz Kohut entwickelt wurde, zahlreiche Kontroversen hervorgerufen, die hier nicht aufgearbeitet werden können (vgl. Rothschildt 1993, 31ff). Schon bei Freud wird der Begriff in verwirrender Weise gebraucht. Er bezeichnet damit einerseits die libidinöse Ergänzung zum Egoismus des Selbsterhaltungstriebes, andererseits ein Verhalten, das aus dem Entzug der Libido im Hinblick auf die Außenwelt resultiert (Freud 1914, 138f.140). Freud versucht, anhand seines Narzißmuskonzeptes vier Phänomene zu erklären: einen Typus der Objektwahl, einen Modus der Objektbeziehung, verschiedene Aspekte der Idealbildung des Ichs sowie eine frühe Stufe der psychischen Entwicklung, die der ödipalen Phase vorgelagert ist. Andere Autoren, die vom Konzept des Selbst ausgehen, sprechen im Hinblick auf den Narzißmus von einer libidinösen Besetzung des Selbst, die mit einer Aufgabe von Objektbesetzungen durch Ich-Besetzungen einhergeht.

Im Hinblick auf die eingangs formulierte Fragestellung soll im folgenden nicht auf diese Differenzen eingegangen werden, sondern auf die sozialpsychologischen Implikationen, die mit der Rede vom narzißtischen Zeitalter verbunden sind. In diesem Zusammenhang wird davon ausgegangen, daß sich im 20. Jahrhundert in den westlichen, bürgerlich-kapitalistischen Gesellschaften ein grundlegender Wandel im Hinblick auf das Verhältnis zwischen Individuum und Gesellschaft vollzogen hat, der tendenziell grundlegende psychische Dispositionen der Menschen verändert hat.

Der Soziologe Ulrich Beck hat mit seinem Buch „Risikogesellschaft. Auf dem Weg in eine andere Moderne" einen Versuch vorgelegt, auf dem Hintergrund der Entwicklung der (post-)industriellen Gesellschaften die Krisenlagen, in die die einzelnen sich hineinbewegen, zu erklären. Dieser Ansatz verdeutlicht, in welchen gesellschaftlichen Rahmen individuelle Probleme eingespannt sind und wie sich existentielle Grundfragen im Hinblick auf die Religion verändern.

In allen reichen westlichen Industrieländern hat sich nach dem Zweiten Weltkrieg auf dem Hintergrund von vergleichsweise hohen materiellen Lebensstandards und sozialen Sicherheiten ein Individualisierungsschub vollzogen, der einen Erosionsprozeß sozialer Lebensbezüge in Gang gesetzt hat. Die einzelnen Menschen werden aus traditionellen Klassenbindungen und Versorgungsbezügen der Familie immer stärker herausgelöst und verlieren damit eine maßgebliche Grundsicherheit, nach der sich biographische Muster ordnen lassen. Sie geraten so in eine neue Unmittelbarkeit zur Gesellschaft und zum Markt. Sich auf dem Arbeitsmarkt behaupten zu müssen, wird auf dem Hintergrund steigender Arbeitslosigkeit zum Zwang zur sozialen, ökonomischen Selbstbehauptung, Selbstverwirklichung und Selbstreproduktion. Die Last, das eigene Schicksal allein bestimmen zu müssen, treibt in die Vereinzelung. Es gibt kaum noch Standesorganisationen, die Schutz und Unterstützung anbieten; der einmal gewählte Beruf bietet keine soziale Garantie mehr. Es gibt immer weniger lebensweltliche Orte, die Stabilität garantieren.

Damit wird die individuelle Gestaltung des eigenen Lebens zu einem Risiko, zu einem Spiel um Gewinn und Verlust. Vorgeformte, überlieferte, durch Schicht, Milieu und Familie abgesicherte und vielfach erprobte Beziehungsmuster tragen nicht länger. Auf dem Weg zur vollmobilen

Singlegesellschaft ist jeder und jede auf sich selbst gestellt, wird das Leben in sozialen Bezügen wie Familien, Wohngemeinschaften und Partnerschaften schwieriger. Mehr und mehr müssen die einzelnen in vollständiger Eigenverantwortung zu AkteurInnen marktvermittelter Existenzsicherung und der darauf bezogenen Biographieplanung und -organisation werden.

Zu einem grundlegenden Kennzeichen dieses gesellschaftlichen Wandlungsprozesses gehört nun, daß strukturell bedingte Krisen als persönliche Krisen erscheinen. Die eigene Schuld an der „falschen Berufswahl", die persönliche Unzulänglichkeit im Management von Familienkonflikten zwischen Erwerbsarbeit, Kindererziehung und Mobilitätszwängen werden als persönliches Versagen erlebt. „Es entsteht – paradox genug – eine neue Unmittelbarkeit von Individuum und Gesellschaft, die Unmittelbarkeit von Krise und Krankheit in dem Sinne, daß gesellschaftliche Krisen als individuelle Krisen erscheinen und nicht mehr oder nur noch sehr vermittelt in ihrer Gesellschaftlichkeit wahrgenommen werden." (Beck 1986, 158)

Psychoanalytisch betrachtet, bedeutet die Auflösung traditionaler Bindungen und das damit einhergehende Schwinden der elterlichen Autorität eine Schwächung der Über-Ich-Bildung. Entsprechend treten die ˜analen Konflikte, die die psychische Disposition des bürgerlichen Subjekts bestimmten, in den Hintergrund. Befehl und Gehorsam, Macht und Unterwerfung weichen einer bewußten Orientierung am eigenen Interesse. Die Ausbildung des Über-Ichs als derjenigen Instanz, die die tyrannische Strenge und Irrationalität des väterlichen Über-Ichs reflektiert und die Identifikation mit dem Vater abverlangt, hat sich seit Freuds Tagen maßgeblich gewandelt (vgl. Hohl 1989, 120).

Der Wandel der innerseelischen Konflikte, der Menschen heutzutage in therapeutische Beratung drängt, bestätigt diese Beobachtungen. Nicht mehr die klassischen Neurosen, die aus der konfliktiven Über-Ich-Bildung und der damit zusammenhängenden Verdrängung sexueller Bedürfnisse resultieren, stehen im Mittelpunkt therapeutischer Prozesse: Weniger Phobien, Hysterien und Zwangsneurosen als klar bestimmbare Symptome quälen die hilfesuchenden KlientInnen, sondern eher diffuse Ängste, Unlust, innere Leere und Insuffizienzgefühle. Die Schuldthematik, die mit der Verdrängung der „Trieb"bedürfnisse einherging und von den existentiellen Fragen: Was will ich, was darf ich? geleitet war, wird durch

Schamgefühle abgelöst, die um die Thematik des verunsicherten Selbst kreisen und Fragen evozieren, wie: Wer bin ich, was bin ich wert? (vgl. Hohl 1989, 104f).

Dieser neue Persönlichkeitstyp trägt stark narzißtische Züge: Nicht Schuldgefühle, sondern diffuse Ängste und das Leiden an sinnentleerter Existenz prägen sein Erscheinungsbild (vgl. Lasch 1995, 15). Er strebt nicht nach Erlösung, sondern nach aktueller Befriedigung seines persönlichen Wohlbefindens. „Von Angst, Depression, vagen Mißgestimmtheiten und dem Gefühl der inneren Leere gequält, sucht der Homo psychologicus des 20. Jahrhunderts weder individuelle Selbsterhöhung noch die Transzendenz, sondern den Seelenfrieden, und das unter zunehmend schwierigeren Bedingungen. In seinem Ringen um Gemütsruhe sind seine Hauptverbündeten nicht etwa die Priester, [...] sondern Therapeuten; ihnen wendet er sich in der Hoffnung zu, das moderne Äquivalent von Erlösung zu finden: ‚psychische Gesundheit‘". (Lasch 1995, 34)

Stark narzißtisch geprägte Persönlichkeiten sind in ihrer Selbstbezogenheit jedoch oftmals nicht in der Lage, sich selbst zu lieben und zu anderen Menschen wirklich Kontakt aufzunehmen. Sie benutzen die Welt als Spiegel ihres Strebens nach Anerkennung, indem sie ihr vermeintlich grandioses Ich in der Zuwendung durch andere bestätigt wissen wollen oder indem sie sich vorrangig für Menschen interessieren, die Charisma und Macht besitzen. Sie treibt ein Selbst, das ständig hungrig bleiben muß, weil es stets neue Menschen braucht, die die Spiegelfunktion wahrnehmen (vgl. Capps 1993, 32f).

Nicht nur die „private" Beziehungsgestaltung ist hiervon beeinflußt. Auch die Bedeutung des öffentlichen Lebens wandelt sich. Das narzißtische Zeitalter bewegt weder ein Interesse an der Vergangenheit, die traditionsbildend wirken könnte, noch an der Zukunft, denn alles dreht sich allein um das Erleben des Augenblicks. Der Bereich des öffentlichen, politischen Lebens wird dabei zu einem Terrain von Selbstenthüllung und Selbstdarstellung. Die ehemals politischen 68er, die die Frage der sozialen Gerechtigkeit umtrieb, treten in den achtziger Jahren die Reise ins Innere an. Die intime Gesellschaft vertreibt das öffentliche Leben.

„Heute dominiert die Anschauung, Nähe sei ein moralischer Wert an sich. Es dominiert das Bestreben, die Individualität im Erleben menschlicher Wärme und in der Nähe zu anderen zu entfalten. Es dominiert ein Mythos, demzufolge sich sämtliche Mißstände der Gesellschaft auf deren Anonymität, Entfremdung und Kälte zurückführen lassen. Aus diesen drei Momenten erwächst eine Ideologie der Intimität: Soziale Beziehungen sind um so realer, glaubhafter und authentischer, je näher sie den inneren, psychischen Bedürfnissen der einzelnen kommen. Die Ideologie der Intimität verwandelt alle politischen Kategorien in psychologische. Sie definiert die Menschenfreundlichkeit einer Gesellschaft ohne Götter: Menschliche Wärme ist unser Gott. Aber die Geschichte von Aufstieg und Fall der öffentlichen Kultur stellt diese Menschenfreundlichkeit in Frage." (Sennett 1998, 329)

Die intime Gesellschaft, die das narzißtische Zeitalter hervorgebracht hat, mißt ihre Politiker und Politikerinnen eher an ihrer persönlichen Authentizität (vgl. die „Clinton/Lewinsky Affaire") als an ihren konkreten politischen Handlungen. Sie verliert dadurch die Realität sozialer Ungerechtigkeit und konkreter politischer Machtverhältnisse aus den Augen.

Das Verschwinden des Kreuzes im Zeitalter des Narzißmus, das die Tyrannei der Intimität heraufbeschwört, geht einher mit der permanenten Verdrängung einer „Blutfrömmigkeit", die die Menschenopfer, die im Spätkapitalismus dargebracht werden, unsichtbar hält. Diese Verdrängungsleistung hat zur Konsequenz, „daß wir da, wo unser eigenes Leben aufgrund kollektiv gelebter Blutopferbereitschaft in Gefahr gerät, das Bewußtsein haben, lediglich Opfer und nicht Täter zu sein" (Jörns 1990, 78). Im Hinblick auf die Deutung des Todes Jesu bedeutet dies, daß wir uns mit dem Opfer der römischen Staatsmacht, Jesus von Nazaret, identifizieren können. Inwiefern Christus zur Vergebung unserer Sünden gestorben ist, wird dabei immer undeutlicher.

Die Predigt vom Kreuz im narzißtischen Zeitalter

Was bedeutet es im narzißtischen Zeitalter, von Christus dem Gekreuzigten und Auferstandenen zu sprechen? Welche Schwierigkeiten tun sich für PredigerInnen und HörerInnen auf?

Verschiedene empirische Untersuchungen der letzten Jahre belegen, daß sowohl kirchlich gebundene Männer und Frauen als auch die sogenannten kirchlich Distanzierten in Deutschland meistenteils keinen Zugang mehr zu einer religiösen Deutung des Todes Jesu haben. Für Christenmenschen ist das Leben Jesu und darin vor allem die ethische Dimension von zentraler Bedeutung. Daß im Kreuzestod Jesu eine heilschaffende Kraft Gestalt gewinnt, die Versöhnung und → Sündenvergebung zwischen Gott und Mensch bewirkt, erscheint als abstruser Gedanke.

Auch feministische Theologinnen nehmen teilweise Anteil an diesem Desymbolisierungsprozeß, d.h., sie wollen weder der historischen Tatsache des Foltertodes Jesu noch den Symbolisierungen in Form theologischer Sätze und in Form von Ritualen eine soteriologische Relevanz beimessen. Regula Strobel hält in diesem Sinne die Deutung des Kreuzes als Heilssymbol für eine unerträgliche Form von Nekrophilie (→ Janssen).

Evangelische Frauen, die sich mit der Kirche verbunden fühlen, können meistenteils zu dem Satz „Christus starb für unsere Sünden" keinen Zugang finden. Daß das grausame Sterben eines Menschen versöhnend wirken soll, ist für viele Frauen erschreckend, ja, es wird zum Teil als abstoßend erlebt. Selbst aktive Kirchgängerinnen, die das Abendmahl mitfeiern, steigen innerlich aus, wenn das Agnus Dei gesungen wird. Insbesondere ältere Frauen, die sich der liturgisch und dogmatisch geprägten Ausdrucksweise der *theologia crucis* bedienen, sprechen in distanzierenden Redewendungen, wenn sie ihre Glaubensaussagen selbständig formulieren. (vgl. Taube/Tietz-Buck/Klinge 1995, 57)

Bemerkenswert sind ebenso die Einstellungen kirchenferner Jugendlicher aus den alten Bundesländern, für die der Begriff der Sünde fast durchgehend negativ konnotiert ist. Er wird als antiquiert, als moralisch einengend – insbesondere im Hinblick auf sexuelles Verhalten – verstanden. Sich auf die Lehre von der Sünde zu beziehen, würde dem individuellen Freiheitsstreben widersprechen. Jugendliche akzeptieren den Begriff allein im Bereich von Tabuverletzungen. „Die Lehre von der Erbsünde ist zumeist unbekannt (‚ich habe noch nie gesündigt‘) oder sie wird als Widerspruch zum autonomen freien Willen abgelehnt." (Barz 1992, 137) Entsprechendes gilt für die Deutung des Kreuzestodes Jesu. „Die Vokabel → Erlösung löst daher Schulterzucken aus (‚wovon denn?‘), oder sie wird an Erlösung von konkretem Schmerz gebunden (‚…wenn einer dann stirbt‘). Auch wird mit Erlösung die Forderung nach Wohlverhalten als Vorleistung, also ein Autonomieverlust verbunden. Wenn Erlösung [...] noch positiv besetzt ist, dann werden ihr Subjekt und ihr Objekt gleichgesetzt: Der Mensch kann sich nur selbst erlösen, indem er sein Schicksal annimmt und Leid akzeptieren lernt und sich weiterentwickelt (bis er nicht mehr wiedergeboren wird): ‚Loslassen' – in diesem Wort verdichtet sich die neue Auffassung der Erlösung, die dann auch – zumindest in der New Age-Gruppe – lieber als Erleuchtung bezeichnet wird." (Barz 1992, 129) Auch im Hinblick auf die → Karfreitagspredigt evangelischer Pfarrer läßt sich ein signifikanter Bedeutungswandel im Hinblick auf die Deutung des Todes Jesu konstatieren. Tilman Walther-Sollich hat in seiner Studie über den Wandel von Karfreitags- und Osterpredigten im 20. Jahrhundert eindrucksvoll herausgearbeitet, wie die Verschiebung von der ödipalen Thematik des klassisch-bürgerlichen Subjekts zum Narzißmus des nachtraditionalen Subjekts eine Veränderung der theologischen Aussagen nach sich gezogen hat. Bis etwa 1930 stehen im Hinblick auf die Karfreitagspredigt die ödipalen Themen der Schuld und des Gehorsams im Zentrum. Das darin implizierte Sündenverständnis geht von einer andauernden Auflehnung des einzelnen Menschen gegen Gottes Willen aus, die sich in sittlich-moralischen Verfehlungen im Alltagsleben manifestiert. Das Bekenntnis, daß Christus für unsere Sünden gestorben sei, stützt hierbei die Entlastung von der individuellen Schuldthematik. Die ödipale Karfreitagsdeutung bezeichnet die „emotionale Ambivalenz der Gottesbeziehung zwischen Liebe und Zorn, Gericht und Gnade, Strafe und Versöhnung, und im Durchlaufen dieser Ambivalenz vergegenwärtigt sich [...] die Gewißheit der Liebe Gottes." (Walther-Sollich 1997, 233) Die Predigten hingegen, die seit den sechziger Jahren eher von der narzißtischen Problematik geprägt sind, verlassen die personale Ebene und sprechen von Sünde hauptsächlich im strukturellen Sinne als Verstrickung des Individuums in gewalttätige Strukturen. Entsprechend wird das narzißtische Thema der Ohnmachtserfahrung verbalisiert: Am Kreuz offenbart sich die Liebe Gottes, die für die ohnmächtig Leidenden einsteht. Die Frage nach der personalen Schuld und die damit einhergehende Drohung, das eigene Leben verlieren zu können, werden stärker zurückgedrängt bzw. vehement zurückgewiesen (vgl. Walther-Sollich 1997, 230ff).

Die ➔ Auferstehungspredigt, die zu Beginn des 20. Jahrhunderts noch eng an die Schuldthematik gebunden war und als Vollendung des Versöhnungstodes Christi gedeutet wurde, verändert sich im narzißtischen Zeitalter. Fortan wird das narzißtische Bedürfnis nach Selbstausweitung und Entgrenzung aufgegriffen und auf eine Stärkung der individuellen Handlungsfähigkeit gesetzt. Diese Tendenz zeigt an, daß die individuelle Schuldthematik durch eine Ohnmachtserfahrung ersetzt wird, die die transpersonale Verstrickung der einzelnen in die Mechanismen globaler Vernichtung von überlebenswichtigen Ressourcen und die Zerstörung von Lebenswelten widerspiegelt. Im Kontrast zu diesen Grenzerfahrungen wird in den Osterpredigten das präsentisch-eschatologische Auferstehungsleben der Glaubenden thematisiert, das sich an den Taten und Worten Christi orientiert. „Ostern bedeutet nicht mehr einen Prozeß der Vollendung, der in erster Linie futurisch-eschatologisch zu verstehen ist, sondern die präsentisch-eschatologische Überwindung personaler und transpersonaler Grenzen der Lebensentfaltung. Entsprechend legen die Predigten die Lebenskraft Gottes nicht als normative Instanz für die Bewährung des christlichen Lebens aus, sondern als verhaltensorientierendes Ideal, dessen Umsetzung und Erfüllung die christliche Existenz anstrebt und an dessen befreiendem, lebenschaffendem Potential sie durch die Gnade Gottes partizipiert." (Walther-Sollich 1997, 231)

Perspektiven für die homiletische Praxis

Die Predigt vom Kreuz – es kann gar nicht anders sein – wird im narzißtischen Zeitalter anstößig sein und Ärgernis hervorrufen. Dieses Ärgernis kann aber als eine produktive Kraft begriffen werden, mittels derer unsere Gottesdienste zu Orten werden, in denen die destruktiven Kräfte des Narzißmus verwandelt werden, ohne daß die Stimmen der Angst, die den Ort des Kreuzes besetzt halten, überhört werden müssen.

Das Neue Testament selbst enthält zahlreiche Deutungsversuche, die um ein Verständnis des Jesus aus Nazaret, der als Messias geglaubt wird, ringen und die um die Anstößigkeit der Predigt vom Kreuz wissen. Die Aussage, daß Gott in ➔ Christus für uns war und ist, erfährt allerdings viele Ausdeutungen, die nur teilweise mit der Interpretation des Todes Jesu als Heilstod verbunden sind. In verschiedenen Texten wird allein von der

140

Auferstehung her von Christus gesprochen: Er wird als Retter im Endgericht vorgestellt (1 Thess 1,10), als leidender Gerechter (vgl. Ps 22), zu dem sich Gott durch die Auferweckung von den Toten bekennt; Christus wird als prototypische, eschatologische Heilsgestalt bekannt, die als Herr über Lebende und Tote das Heil für die adamitische Menschheit bringt (Röm 14,9; 1 Thess 4,14). Demnach ist Christus der Erstgeborene, nach dessen Bild die Christen und Christinnen geformt werden. Daneben gibt es Vorstellungen, insbesondere in der paulinischen Theologie, die den Fokus auf das Kreuz legen. Aber auch hier lassen sich verschiedene Konzepte entdecken, die an den Begriffen der personalen Stellvertretung, des Sühnopfers und der Versöhnung entfaltet werden. Das Bekenntnis „Christus starb für unsere Sünden" (Röm 5,6.8) kann dabei als personaler Stellvertretungsgedanke formuliert werden, der keinerlei Sühnopfervorstellung impliziert. Die Aussagen in Röm 3,21ff dagegen sind auf dem Hintergrund kultischer Sühnopfervorstellungen formuliert worden. Von Versöhnung als einem Austauschprozeß, in dem Christus für uns zur Sünde gemacht wurde, damit wir in ihm die Gerechtigkeit würden, die vor Gott gilt, wird in 2 Kor 5,21 gesprochen. Während Versöhnen *(katalássein)* die Wiederherstellung eines gestörten Verhältnisses durch persönliche Zuwendung beschreibt, zielt die Vorstellung von Sühne *(hilastérion)* auf die Abschaffung der Sündenfolgen durch ein Opfer. Trotz all dieser Vielfalt der Aussagen kann festgehalten werden: Nirgendwo im Neuen Testament wird von einem Gott gesprochen, der seinen Zorn im Kreuz Jesu austobt und sich so Genugtuung verschafft (vgl. Becker 1990).

Dieser reiche Deutungsschatz, den das Neue Testament bereitstellt, kann als Wegweiser verstanden werden, den Christusglauben nicht einseitig auf einzelne Bilder festzulegen, sondern kontextuell zu verstehen. Hier ist eine antiidolatrische Ausrichtung angezeigt, die auch in der Verkündigung ernst genommen werden sollte, die sich an dem Gehalt einzelner konkreter Texte ausrichtet und so einer dogmatischen Fixierung auf ein Interpretationsmodell widerstreitet. Dies bedeutet aber auch, daß die Texte nicht einfach negiert werden können, die vom Kreuzestod Jesu als Sühnopfer sprechen.

Im Hinblick auf die homiletische Praxis können für die Predigt vom Kreuz folgende Konsequenzen gezogen werden: Für Predigerinnen und

Prediger kann es hilfreich sein, auf dem Hintergrund der Narzißmusanalyse die eigene Predigtpraxis kritisch zu befragen. Dabei kommt es m.E. darauf an, die jeweils produktiven Aspekte der narzißtischen und der ödipal geprägten Deutung aufzugreifen und sie mit dem emotionalen und rationalen Widerspruch der Hörer und Hörerinnen ins Gespräch zu bringen. In diesem Zusammenhang kann es jedoch nicht darum gehen, sich dem Zeitgeist des narzißtischen Zeitalters hinzugeben. Zugleich müssen aber die eigenen Ängste und die der HörerInnen, die mit der Narzißmusproblematik verbunden sind, respektiert und aufgenommen werden.

Im folgenden möchte ich einige Gesichtspunkte entfalten, die in dieser Situation eine verwandelnde Kraft in sich bergen: die Thematisierung des Leidens, der Zukunftsvergessenheit und der zornigen Liebe.

Das Kreuz und die Kreuze: Wörter und Bilder des Leidens

Im narzißtischen Zeitalter müssen die Stimmen der Angst und die Bilder des Leidens verdrängt bzw. verzerrt werden. Die Predigt vom Kreuz setzt hier einen Kontrapunkt, weil sie uns zwingt, vom menschlichen Leiden in seinen individuellen und kollektiven Ausdrucksformen zu sprechen. Sie deckt die narzißtische Illusion vom heilen Leben durch den Verweis auf die Leidensgeschichte Gottes in der Welt und die Verbindung mit unseren Passionen auf. Sie unterbricht die Verdrängung des gesellschaftlichen Opferkultes im Spätkapitalismus und dessen zivilreligiöse Gestaltungen, die uns die Zwangsläufigkeit des Opferns suggerieren (→ Strobel). So verweist die Predigt vom Kreuz auf die Gotteslästerung unserer Kultur, die die Opfermaschinerie weiter in Gang hält, obwohl in dem Christus, der für uns gestorben ist, das Ende allen Opferwesens angesagt ist. Die Predigt vom Kreuz führt in das Erschrecken vor gesellschaftlichen Viktimisierungsprozessen hinein, in die Menschen unschuldig hineingeraten und zu Schlachtopfern der Gewalt werden können. Das Leben und Sterben Jesu ist hierfür ein Exemplum: Jesus wurde aufgrund seiner Gewaltlosigkeit und der Bereitschaft zur Hingabe an andere, die auch den gewaltsamen Tod in Kauf nahm, getötet. In seiner Geschichte können die Opfer jedweder Gewaltausübung die Spuren ihrer eigenen Geschichte wiederentdecken und können im Glauben, daß Gott in diesem Christus ist, darauf vertrauen, daß Gott die äußersten Orte der Gewalt nicht fremd sind und daß er in ihnen präsent ist.

Die Predigt vom Kreuz proklamiert gegenüber den als absolut und unentrinnbar erscheinenden Opfermythen und -praktiken einen Herrschaftswechsel: In Christus – in diesem elenden Opfer, das Gott nicht im Tod belassen hat – ist der göttliche Widerspruch gegen jegliche weitere sündhafte, lebenvernichtende Opferpraxis instandgesetzt, die nur das eigene Leben sichern will. Christus starb aufgrund unserer Sünde, indem er in die Spirale der Gewalt hineingeriet, die in unendlichen Variationen vor und nach ihm Menschenleben vernichtet hat. Christus starb für unsere Sünde: Er, der radikal jenseits der Logik des Gewaltkreislaufes lebte, gab sich in seiner Verkündigung, den Heilungen und Zeichenhandlungen ganz dem lebendigen Gott hin. Er suchte die leibliche Gemeinschaft mit den Menschen und wurde so hineingezogen in die Leben zerstörenden Gewalten. Nur indem er von ihnen nicht unberührt blieb, konnte er sie transformieren. Dies sind Sätze des Glaubens, die allein von Ostern her gesprochen werden können. Sie tragen Verheißungscharakter und erwarten die Welt, in der weder Leid, Geschrei noch Schmerz sein werden.

Luise Schottroff hat mit ihrem Versuch, die Aussage vom Sterben eines einzelnen, das die Zukunft des Volkes verbürgt, im Kontext jüdischer Märtyrertheologie zu erhellen, einen entscheidenden Beitrag zum heutigen Verstehen geleistet (vgl. Schottroff 1996).

„Die MärtyrerInnen reinigen und heiligen die durch die Sünde befleckte Seele des Volkes durch ihren Tod. Hier werden alte Opfervorstellungen, nach denen das Blut der Opfertiere die Reinigung des Volkes bewirkt, sekundär verwendet und mit ihrer Hilfe die Realität gedeutet [...] Nach Jesu Tod haben erst die Frauen und dann auch die Männer, die mit Jesus zusammengearbeitet hatten, begriffen: Dieser Tod war nicht das Ende unserer Hoffnung auf die Befreiung Israels, sondern er brachte Befreiung. Das Volk ist frei von der Gefangenschaft, befreit von Schuld, befreit von der Macht der Unterdrücker, vereint mit seinem Gott. Jesu Tod ist *apolýtrosis* – Befreiung aus Gefangenschaft (Röm 3,24), lýtron – Lösegeld für die Gefangenen (Mk 10,45 par.), *hilastérion* – Sühnemittel (Röm 3,25), das reinigt von der Schuld, Christus ist gestorben für unsere Sünden (1 Kor 15,3 u.ö.)." (Schottroff 1996, 113)

Die rein individuelle Deutung des Todes Jesu ist hier überwunden, indem der Horizont des leidenden und schuldbeladenen Gottesvolkes in den

Blick kommt. Durch diesen Erklärungsansatz wird die individualistische, ödipal geprägte Deutung des Todes Jesu abgewehrt, nach der es allein um die Vergebung der Sünde des einzelnen geht und die kollektive Dimension verschwindet.

Wenn die moralisierende und individualistische Deutung von Schuld und Sünde überstiegen wird, wird der Blick frei, der „Tyrannei der Intimität" zu widerstehen und den Blick auf den anderen, der nicht einfach nur der Spiegel meines Selbst ist, freizulegen. In der Ausrichtung auf das Kreuz Jesu wird eine Weltwahrnehmung eingeübt, die wir bitter nötig haben. Das Bild des leidenden Christus in seiner ganzen Erbärmlichkeit und Entäußerung ist ein Stachel im Fleisch der narzißtischen Wahrnehmung der Welt. Nicht der Schöne, Erfolgreiche und Charismatische dient als Spiegel, sondern die Leidensgestalt hilft uns zu sehen, wer wir sind und inwiefern Gott unser Leben wertvoll macht. In diesem Sinne ist die Predigt vom Kreuz anti-illusionär, nur darin kann sie tröstend wirken.

Im Angesicht des Kreuzes stellt sich jedoch auch die Frage nach der Schuld des einzelnen, die uns gottlos und zukunftsvergessen leben läßt. Dabei kommt der ödipal geprägten Deutung des Kreuzestodes Jesu zweifelsohne das Verdienst zu, die Frage nach der eigenen Schuld und dem gottlosen Leben ernsthaft zu stellen, um so der Phantasie, wir seien immer nur Opfer der Verhältnisse, entgegenzutreten.

Was bedeutet dies für die Nachfolgegemeinschaft, die Gemeinschaft der Heiligen? Es kann in der Nachfolge des Gekreuzigten einen Umgang mit dem Leiden um der Gerechtigkeit und der Zukunft willen geben, der nicht einfach als „nekrophil" abgetan werden kann. Damit soll nicht behauptet werden, daß menschliches Leiden per se sinnvoll ist. Viele feministische Theologinnen haben zu Recht immer wieder darauf hingewiesen – insbesondere im Hinblick auf die vielen Formen der sexualisierten Gewalt, die Frauen, Mädchen und auch Jungen in erschreckendem Ausmaß erleben (➔ Wehn). Doch dort, wo ChristInnen hineingezogen werden in den Machtbereich des lebendigen Gottes und jenseits der Logik des Opfermechanismus beten und arbeiten, werden sie im Zeitalter der Lebensgefahr in Konflikte geraten.

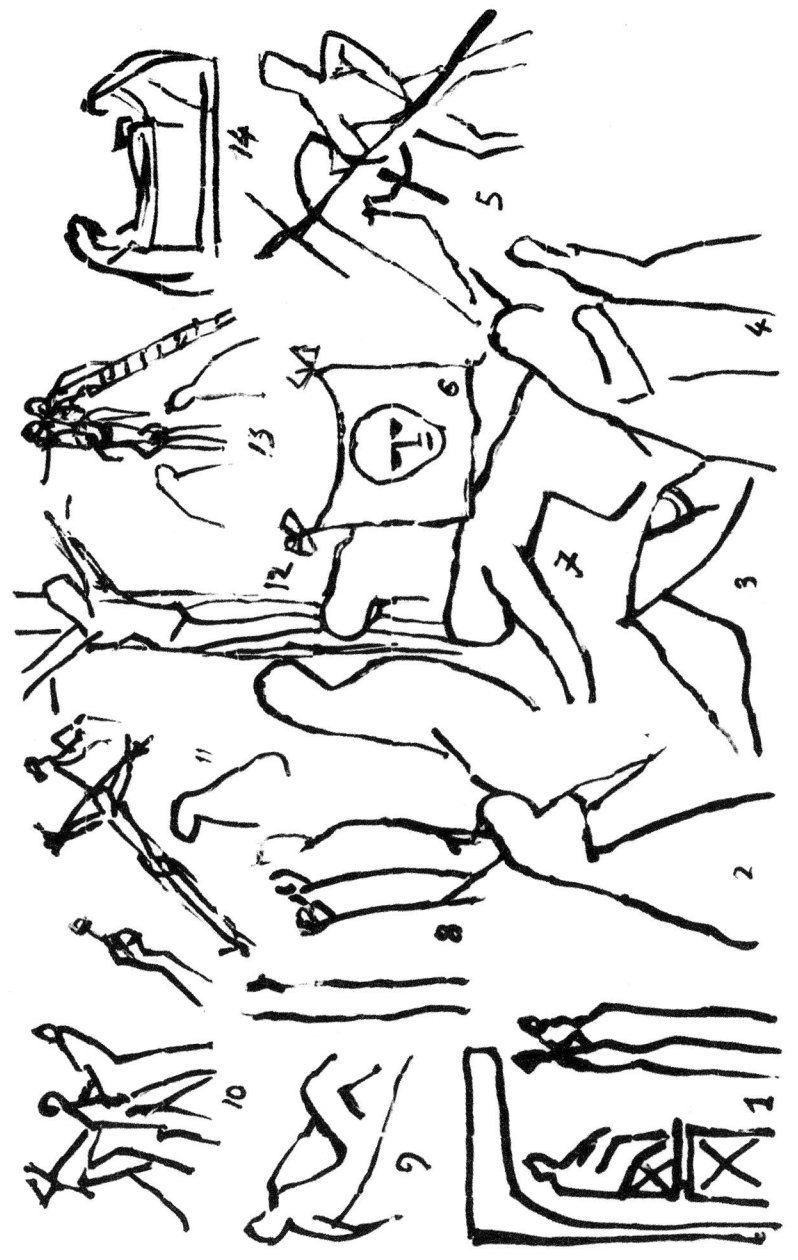

Wider die Zukunftsvergessenheit

Das Zeitalter des Narzißmus ist allein verliebt in das Erleben des Augenblicks. Wider diese gegenwartsverliebte Kultur, in der die Orte des Gedächtnisses als nostalgisch verfemt werden und die Frage nach der Zukunft der Menschheit als belanglos abgetan wird, hält die Predigt vom gekreuzigten Christus den Spannungsbogen aufrecht, indem die Erinnerung an den Gekreuzigten den Horizont der Zukunft aufreißt. In der Bibel wird die Sünde des Menschen als Akt der Selbstverschlossenheit und Weltverneinung verstanden, in dem der Mensch, der im permanenten Widerspruch zur Schöpfung und damit zu Gott lebt, sich seiner Zukunft beraubt. „Die biblische Schulderfahrung ist denn auch nicht so sehr ein Konflikt, der ‚innen‘, im Gewissen ausgetragen werden müßte, als vielmehr die Not, aus eigener Kraft nicht mehr nach ‚außen‘, nach vorn in die Zukunft zu gelangen, weil die Schuld, die mich bei der Vergangenheit festhält, ‚zu schwer‘ ist, ‚als daß ich sie tragen könnte‘ (Gen 4,13); weil, umschlossen von ihrem Ring, Zeit und Leben selber ‚verwirkt‘ sind." (Link 1991, 152f)
Die paulinische Vorstellung von Christus als dem von Gott öffentlich eingesetzten *hilastérion* (Röm 3,25) kann als Antwort Gottes im Hinblick auf unser „verwirktes" Leben interpretiert werden. Die Bedeutung von *hilastérion* läßt sich auf dem Hintergrund der alttestamentlichen Vorstellung der *kapporet* erhellen (Ex 25, 17–22). Sie bezeichnet den Ort des Allerheiligsten im Tempel, an dem der Hohepriester am großen Versöhnungstag das Opfer für Israel vollzieht. Die *kapporet* gilt als der Ort der Präsenz Gottes in Israel, der Ort, an dem Gott inmitten seines Volkes wohnen will. Nach Paulus ist das Kreuz Christi nun selbst zum Sühnort geworden, an dem der deterministische Zwang des Menschen, sich seiner Zukunft selbst zu berauben und so dem Tod das letzte Wort zu geben, zerstört worden ist. In der Lebenshingabe dieses Menschen wird im Akt der stellvertretenden Identifikation die destruktive Macht des „verwirkten" Lebens selbst geopfert. Das Opfer in der *kapporet* symbolisiert so die Nähe Gottes bei den Menschen als eine Sühnhandlung, in der Zukunft erschlossen wird. „Sühne ist Erneuerung der göttlichen Gegenwart, Zusage und Gewährung der Nähe des kommenden Gottes. Im Akt der Sühne wird die Schöpfung in ihr durch die Schuld des Menschen verspieltes Recht wieder eingesetzt, denn es ist ihr durch den Sabbat (Gen 2,2f)

beglaubigtes Recht, im Ausblick auf das zukünftige Reich zu existieren." (Link 1991, 160) Im Licht von Ostern wird dieser Sühnort zum Aufstand Gottes gegen eine Kultur, die in ihrer Verliebtheit in den Augenblick zukunftsvergessen geworden ist und sich so in sich selbst verschlossen hat. In diesem Sinne ist Karfreitagspredigt immer auch Gerichtspredigt für den sündigen Menschen, der die zukünftige Welt nicht vor Augen hat und ständig bedroht ist, die Vergegenwärtigung seiner Zukunft preiszugeben. Sie ist Gerichtspredigt wider die Zukunftsvergessenheit und verheißt die Gegenwart des gekreuzigten Christus, in dem Gott das Ende allen Opferwesens angesagt hat.

Die zornige Liebe

Im Zeitalter des Narzißmus suchen wir im anderen primär den Spiegel für unsere eigenen Bedürfnisse, um erlittene Kränkungen zu mildern und das hungrige Selbst zu füttern. Diese Suche bleibt letztlich unerfüllt, weil sie nicht von dem Begehren gespeist ist, wirklich die Gemeinschaft mit dem anderen zu suchen und damit Differenzerfahrung zu ermöglichen. Dieses tragische Nähesuchen entläßt ein Gefühl der inneren Leere, das mit einem schmerzhaften Schwanken zwischen Niedergeschlagenheit und wirklichkeitsfremden Allmachtsgefühlen verbunden sein kann. Es führt letztlich in die Einsamkeit, weil es dem anderen jenseits der Bestätigung der Idealbilder des eigenen Selbst nicht begegnen kann.

Die Gestalt des gefolterten Jesus, die wir uns in der Predigt vom Kreuz wenigstens bruchstückhaft vergegenwärtigen, entzieht sich radikal dieser Spiegelfunktion, da sie sich den Idealbildern unseres Selbst radikal widersetzt. Und wohl auch unseren religiösen Bedürfnissen, mit Gott nur das heile und vollkommene Leben verbinden zu wollen. Der Glaube an den Gekreuzigten stellt eine Form der Beziehung her, die nicht auf Vereinnahmung des anderen setzt, indem ich ihn nach meinem Bild und Bedürfnis forme. Dieser Glaube kann nicht in die harmoniesüchtige Identifikation einstimmen, sondern er beginnt mit dem genannten Erschrecken und stimmt ein in den Zorn Gottes, der sich gegen die Opferung des Lebens wendet. Die Erzählung von der Auferweckung des Gekreuzigten ist umgeben von der Atmosphäre des Erschreckens der JüngerInnen und des göttlichen Zornes gegen die menschliche Sünde, die die Opfer nur im Tode belassen kann und ihnen die Zukunft verwehrt. Dieser Zorn ist eine beziehungschaffende Kraft, weil sie den Geopferten nicht in der Sphäre des Todes beläßt, sondern eine erneuerte Gemeinschaft mit den JüngerInnen ermöglicht. Dies ist mehr als nur die narzißtische Phantasie von der Ausweitung des Selbst, weil sie auf das Leben der Gemeinde bezogen ist.

Die Predigt vom Kreuz birgt also die Chance in sich, ein anderes Wesen der Liebe zu zeigen, die mit dem Begehren, den anderen auch in seiner Verletzlichkeit am Ort des Todes zu sehen, verbunden ist. Diese Liebe kann begehren, weil sie den Zorn gegen das gottferne und weltverneinende Leben in sich schließt. Christus starb für unsere Sünden – dieses Bekenntnis ermöglicht uns auch, den anderen in seiner Einsamkeit anzusehen, die im Zeitalter des Narzißmus verborgen gehalten werden muß. Dieses Anschauen ist zornig gegen die Sünde, die uns von Gott und den Menschen trennt und sich in der Einsamkeit der Selbstsuche verstrickt.

Die Predigt vom Kreuz kann von einer Nähe Gottes sprechen, die der Tyrannei der Intimität widersteht, indem sie die Spannung im Gottesverständnis und damit auch in der Sicht auf den Menschen wahrt, in der die Liebe ohne den Zorn unaufrichtig und schal wird und die Gnade nicht ohne das Gericht gedacht werden kann, wenn sie nicht zur billigen Gnade verkommen will.

Die Predigt vom Kreuz muß – es kann gar nicht anders sein – im narzißtischen Zeitalter Anstoß erregen. Sie hat einen anti-illusionären Charakter, indem sie das Leiden, die Zukunftsvergessenheit und die zornige Liebe zur Sprache bringt. In diesem Sinne bleibt sie eine Zumutung für uns alle. Sie verweist darauf, daß die christliche Religion nicht einfach dem Ideal eines leidensfreien Lebens nachgibt, sie erzählt von einem Gott, der in Christus selbst zum Opfer der Gewalt wurde, und so wird sie immer wieder auch die Geschichte der Gewalt thematisieren. Sie spricht von der Liebe nicht einfach in regressiven Vorstellungen, sondern verbindet sie mit der Rede vom göttlichen Zorn. Sie widerspricht den sinnlichen Träumen vom ganzheitlichen Leben, die sich aus den Geschichten der täglichen Gewalt hinausstehlen wollen. Nur indem sie diese konfliktreichen Spannungen nicht nivelliert, kann sie die Kraft in sich bergen, durch den Widerspruch hindurch den narzißtischen Kränkungen, die PredigerInnen und HörerInnen bewegen, empathisch nachzuspüren. So kann sie befreiend wirken.

Die Stimmen der Angst, die den Ort des Kreuzes besetzt halten, können auf diese Weise Gestalt gewinnen, hörbar gemacht und verwandelt werden. Wenn wir in unserer Verkündigung des gekreuzigten Christus die Bilder des Leidens nicht nivellieren, der Zukunftsvergessenheit des narzißtischen Zeitalters wehren und uns auf Gottes zornige Liebe besinnen, treten wir ein in die Transformation des Satzes „ICH HABE ANGST". So kann uns die Predigt vom Kreuz vielleicht den Weg in eine andere Sphäre weisen, „in eine Art Himmel auf Erden, eine Gegenwart, die sich aus anderen Kräften nährt(e) ..." (Dickhoff 1993, 13)

Literatur

Heiner Barz, Postmoderne Religion. Die junge Generation in den alten Bundesländern, Jugend und Religion 2, Opladen 1992.

Hans-Ulrich Beck, Risikogesellschaft. Auf dem Weg in eine andere Moderne, Frankfurt/Main 1986.

Jürgen Becker, Die neutestamentliche Rede vom Sühnetod Jesu, in: ZThK (1990) Beiheft 8, 29–49.

Donald Capps, The Depleted Self. Sin in a Narcissistic Age, Minneapolis 1993.

Wilfried Dickhoff (Hg.), Rosemarie Trockel, Köln 1993.

Wilfried Gottschalch, Narziß und Ödipus – Anwendungen der Narzißmustheorie auf soziale Konflikte, Ausgewählte Schriften, Heidelberg 1988.

Joachim Hohl, Zum Symptomwandel neurotischer Störungen: Sozialhistorische und sozial-psychologische Aspekte, in: Verunsicherungen. Das Subjekt im gesellschaftlichen Wandel, Heiner Keupp; Helga Bilden (Hg.), Münchener Beiträge zur Sozialpsychologie, Münchener Universitätsschriften. Psychologie und Pädagogik, Göttingen–Toronto–Zürich 1989, 103–24.

Klaus-Peter Jörns, Der Sühnetod Jesu Christi in Frömmigkeit und Predigt, in: ZThK (1990) Beiheft 6, 70–93.

Heinz Kohut, Narzissmus: Eine Theorie der psychoanalytischen Behandlung narzisstischer Persönlichkeitsstörungen, Frankfurt/Main 1981.

Christopher Lasch, Das Zeitalter des Narzißmus, München 1995.

Christian Link, „Für uns gestorben nach der Schrift", in: EvErz (1991) 148–169.

Bertholdt Rothschildt, Der neue Narzißmus – Theorie oder Ideologie?, in: Die neuen Narzißmustheorien: Zurück ins Paradies?, Psychoanalytisches Seminar Zürich (Hg.), Frankfurt/Main 1993, 31–68.

Luise Schottroff, Kreuz, Opfer und Auferstehung Christi. Geerdete Christologie im Neuen Testament und in feministischer Spiritualität, in: Ihr aber, für wen haltet ihr mich? Auf dem Weg zu einer feministisch-befreiungstheologischen Revision von Christologie, Renate Jost; Eveline Valtink (Hg.), Gütersloh 1996, 102–123.

Richard Sennett, Verfall und Ende des öffentlichen Lebens. Die Tyrannei der Intimität, Frankfurt/Main 1986.

Roselis Taube; Claudia Tietz-Buck; Christiane Klinge, Frauen und Jesus. Die Bedeutung von Christologie im Leben protestantischer Frauen, Stuttgart–Berlin–Köln 1995.

Tilman Walther-Sollich, Festpraxis und Alltagserfahrung. Sozialpsychologische Predigt-
analysen zum Bedeutungswandel des Osterfestes im 20. Jahrhundert, Praktische Theologie heute 29, Stuttgart–Berlin–Köln 1996.

* Mein herzliches Dankeschön geht an meine Kollegin und Freundin Margit Ernst,
die mich in zahlreichen Diskussionen durch ihre kritischen Anfragen und guten
Ideen begleitet und herausgefordert hat.

Karfreitag

Vermutlich haben ChristInnen von Beginn an des Todestages Jesu durch ein Trauerfasten gedacht. Bereits Tertullian verweist in Anlehnung an Joh 19,14 auf den Parasceve als großen Fastentag, an dem die Eucharistie nicht gefeiert wurde.

Im 4. Jahrhundert setzt sich im Hinblick auf die altchristliche Passafeier eine historisierende Auffächerung der liturgischen Feier von Kreuz, Auferstehung und Erhöhung Christi durch, die bis dato eine Einheit gebildet hatte. Einer der ersten Berichte einer eigenständigen Feier des Karfreitags (althochdeutsch: vermutlich von *karen* = klagen) ist von der Jerusalempilgerin Egeria bezeugt, die von einer Kreuzesprozession erzählt, die zum Garten Getsemani über die Kreuzeskirche zur Martersäule führte. Diese Begehung schritt die Stationen der Passion von der Gefangennahme, dem Verhör vor Pilatus bis hin zur Kreuzigungsstätte ab, an denen die jeweiligen Abschnitte aus der Passionsgeschichte verlesen wurden. Die Kreuzesreliquien auf Golgota wurden verehrt, indem die PilgerInnen das heilige Holz berühren und küssen durften. Daran schloß sich von der 6. bis zur 9. Stunde ein Wortgottesdienst mit Schriftlesung, Gebeten und der Verlesung der Passionsgeschichte nach dem Johannesevangelium an; in der Auferstehungskirche wurde dann die Geschichte von der Grablegung verlesen. Augustinus bezeugt für den nordafrikanischen Bereich Wortgottesdienste anläßlich des Karfreitags.

Die römische Karfreitagsliturgie entwickelte sich im Mittelalter zur Missa Praesanctificatorum ohne Hochgebet, in der nur noch der Priester kommunizierte. Diese Form wurde 1570 in das Missale Tridentinum übernommen und galt fortan fast 400 Jahre lang. Die Neuordnung der römisch-katholischen Liturgie in den Jahren 1955 und 1970 straffte die bis dahin gültige Dreiteilung von Wortgottesdienst, Kreuzverehrung und

Kommunionfeier; das Verbot der Gläubigenkommunion wurde aufgehoben; das große Fürbittengebet, das u.a. die Bitten für Juden und „Ketzer" enthielt, Gott möge die Decke von ihren Augen nehmen und sie zu ihrer heiligen Mutter, der katholischen Kirche, zurückführen, wurde in abgemilderter Weise reformuliert. Charakteristisch für die römisch-katholische Karfreitagsliturgie ist die im Anschluß an die Enthüllung folgende Verehrung und Anbetung des Kreuzes, die in Form einer stufenweisen Enthüllung oder als Prozession mit dem unverhüllten Kreuz vollzogen wird. Die schrittweise Entblößung des Kreuzes wird begleitet durch den Ruf zur Kreuzerhebung, auf den die Improperien, die Klagerufe des Messias an sein Volk, und das Trishagion, das alte Dreimalheilig, das als Refrain eingefügt wird, folgen. In der zweiten Form wird das unverhüllte Kreuz auf dem Weg zum Altarraum, am Portal, in der Mitte der Kirche und an den Stufen zum Altar unter dem Ruf zur Kreuzerhebung emporgehoben. Die Gemeinde antwortet, kniet nieder und verharrt im stillen Gebet.

In den evangelischen Kirchen wurde der Karfreitag etwa seit dem 17. Jahrhundert zu einem zentralen Feiertag, der als Bußtag gestaltet wurde. Schuldbekenntnis, Predigt und Abendmahl stehen im Zentrum der Gottesdienste am Vormittag. Die liturgische Farbe ist Schwarz. Die Andachten zur Todesstunde Jesu am Nachmittag, in der römisch-katholischen Kirche „Feier vom Leiden und Sterben Christi" genannt, stehen im Zeichen der Kargheit: Der Altar ist abgeräumt, mancherorts schweigen die Glocken und die Orgel. Im evangelischen Lektionar wird die Lesung von Joh 19,31–42 vorgeschlagen.

Karfreitag ist für viele ChristInnen heutzutage ein theologisch und emotional belasteter Feiertag, der durch den Mißbrauch einer lebensverneinenden Leidenstheologie überschattet ist. Aus diesem Grund ist es von großer Bedeutung, theologische Grundentscheidungen zu treffen, die sich hinsichtlich der Gebete, der Liedauswahl, der liturgischen Gestaltung und der Predigt von einer insbesondere für Frauen repressiven Wirkungsgeschichte verabschieden.

Folgende Überlegungen sollten dabei beachtet werden:
– Der Kreuzestod Jesu ist in der Weise als einzigartig zu verstehen, daß im Licht von Ostern uns das Ende allen Opferwesens verheißen ist und Gott uns eine Zukunft gewährt, die die Folgen der gottfernen und menschen-

feindlichen Lebenspraxis überwindet. Diese verwandelte Sicht auf die Wirklichkeit setzt ChristInnen instand, „Protestleute gegen den Tod" zu werden. Zugleich kann sie dazu verhelfen, getroster mit Erfahrungen des Scheiterns im privaten und politischen Bereich umzugehen, weil ChristInnen von der Verheißung leben, daß die Verwandlung der Welt Gottes Sache ist, die in Christus ihre fundamentale Gestalt gewonnen hat.

– Der Kreuzestod Jesu ist zugleich keineswegs als einzigartiges Geschehen zu verstehen, sondern steht historisch betrachtet in der Reihe der tausendfachen Kreuzigungen, die die Machthaber des Imperium Romanum vollzogen, um ihre Herrschaft zu sichern (➔ Schottroff; ➔ Wehn). Er steht in einer Reihe der Opfer von Folter, Gewalt und Ausbeutung, die auch heute noch leiden und sterben müssen. Mit diesen Menschen, den Verstorbenen und Lebenden, verbündet sich Gott bis hin zur vollständigen leiblichen Identifikation. Dieses leibliche Bündnis müßte in den Karfreitagsgottesdiensten in der Liturgie und Predigt zur Darstellung gebracht werden.

– In der Auswahl der Gesangbuchlieder sollte von allen jenen Texten Abschied genommen werden, die im Sinne der Satisfaktionslehre den Kreuzestod Jesu als göttliches, innertrinitarisches Heilsdrama verstehen, in dem die verletzte Ehre Gottes befriedet wird.

– Zentral für die Gestaltung von Karfreitagspredigten und -liturgien sollte im Sinne der Erneuerung des jüdisch-christlichen Verhältnisses die Überwindung eines christlichen Antijudaismus sein, der kontextlos und generalisierend die Schuld „der" Juden am Tode Jesu behauptet. Eingedenk der christlichen Gewaltgeschichte gegenüber Juden und Jüdinnen haben „Gottesmörderpolemiken" keinen Ort mehr im Karfreitagsgottesdienst.

– Eine Chance für den Karfreitagsgottesdienst kann darin liegen, ihn in seiner seelsorgerlichen Dimension als Gedächtnisgemeinschaft wahrzunehmen, die der Erinnerung der Toten einen Ort gibt und dem Leben, das in seinem fragmenthaften Charakter jenseits der uns umgebenden Erfolgsstories von Gott angesehen wird. „Das Kreuz ist die Überwindung des Vergessens der Toten. Das Kreuz wird so zum Symbol einer Treue, die anders als die kirchlich verordnete Treue der Eheleute gerade nicht im Tod ihre Grenze und ihr Ende findet. „Bis daß der Tod euch scheidet" – diese Logik geschichtlichen Fortschritts gilt mit dem Kreuz gerade nicht." (Luther 1991, 424)

Literatur

Karl Heinz Bieritz, Das Kirchenjahr. Feste, Gedenk- und Feiertage in Geschichte und Gegenwart, Gütersloh 1986.

Henning Luther, Tod und Praxis. Die Toten als Herausforderung kirchlichen Handelns. Eine Rede in: ZThK 88 (1991) 407–426.

Luise Schottroff, Sind die Juden schuld am Tod Jesu? Das Kreuz Christi, in: Antijudaismus im Neuen Testament? Grundlagen für die Arbeit mit biblischen Texten, Dagmar Henze u.a., Gütersloh 1997, 70–78.

Rainer Volp, Liturgik: die Kunst, Gott zu feiern, Bd. 1, Gütersloh 1992, 515ff.

Andrea Bieler

Rachel Seifert

Der Kreuzweg in der Chapelle du Rosaire von Henri Matisse Eine Meditation

Einige die Autorin desavouierende Vorbemerkungen:

Ich bin evangelische Theologin. Mein Verhältnis zum Ritus ist ambivalent, meine Bereitschaft dazu eingeschränkt.

Ich bin keine Kreuzweggängerin, auch wenn ich einen Kreuzweg zuweilen schon gegangen bin: im Süden, unter freiem Himmel, den Berg rauf, unter sengender Sonne, mit sorgfältig gehauenem Stein unter den Füßen.

Das Ziel: die Kapelle am Schluß des Weges, waghalsig in den Fels gebaut, mit atemberaubendem Ausblick. So kommen auch Ungläubige nicht umhin, die Schönheit der Schöpfung Gottes zu preisen.

Aber: Der steile Weg, die Anstrengung in den Beinen, die Hitze, die Gesänge, die Gebete, das Aufgehobensein in der Menge der Gläubigen, das Sich-Hineingeben in den Schmerz, in den Rausch der Selbstgeißelung – all das in Abhängigkeit von und in Disziplin gebracht durch die Geistlichen: so nicht.

Ich weiß um die Heilkraft, die im Sich-Erinnern, im Wiederholen, im Durcharbeiten liegt. Ein Weg, in Begleitung gegangen, der einen Menschen lebensfreudig und liebesfähig machen kann.

Wohin führen die 14 Stationen des Kreuzweges die Gläubigen?

Die Betrachtungen zu Matisses Kreuzweg sind eine Auftragsarbeit. Die Fragen werden vorherrschen.

Annäherung 1

1948: Dominikanerinnen aus Vence bei Nizza beauftragen Henri Matisse (1869–1954) mit der Ausgestaltung einer auf dem Klostergelände liegenden Kapelle. Ein schmaler, langgestreckter Raum. Matisse gestaltet einen freistehenden Altar, Kruzifix und Altarschmuck und entwirft für eine

154

Längsseite und die Stirnseite hohe Bogenfenster. Das Licht fällt durch die gelb/blau/grüne Glasmalerei mit Lebensbaum- und Wellenmotiv und färbt die weißen Wände und den weiß gefliesten Boden. Für die andere Längsseite zeichnet Matisse einen hl. Dominikus und die hl. Maria mit Kind, beides wandhohe Skizzen mit schwarzem Strich auf glasierten, weißen Keramikkacheln. Auf der der Stirnseite gegenüberliegenden Wand skizziert Matisse den Kreuzweg, die Fläche bis zur Decke ausnutzend, ebenfalls mit schwarzem Strich auf weißen Kacheln. 1951 wird die Kapelle „la Chapelle du Rosaire" eingeweiht.

Annäherung 2

Auf den ersten Blick gibt die Skizze den Kreuzweg nicht preis. Das in der Tradition erzogene Auge erfaßt eine Kreuzigungsszene. Die Linien zeigen auf den Gekreuzigten, ihm zu beiden Seiten die Kreuze mit den Schächern, am Fuße des Kreuzes die drei Frauen: Maria, Maria, die Frau des Klopas, und Maria von Magdala. Drumherum Figuren, die nicht sofort entziffert werden.

Erst auf den zweiten Blick irritieren die Zahlen und geben damit den Weg frei für eine andere Interpretation. Nun bekommen die Figuren ihren Sinn, verwandeln sich in Szenen eines Kreuzweges: Von der ersten Station links unten im Bild wandert das Auge nach rechts, verfolgt eine Etage höher den Weg zurück nach links und kommt nach erneuter Kurve mit der 14. Station ans Ziel.

Die Stationen sind: 1. Jesus wird zum Tode verurteilt. 2. Jesus nimmt das Kreuz auf seine Schultern. 3. Jesus fällt zum ersten Mal unter dem Kreuz. 4. Jesus begegnet seiner Mutter. 5. Simon von Cyrene hilft Jesus das Kreuz tragen. 6. Das Schweißtuch der Veronika. 7. Jesus fällt zum zweiten Mal unter dem Kreuz. 8. Jesus begegnet den weinenden Frauen. 9. Jesus fällt zum dritten Mal unter dem Kreuz. 10. Jesus wird seiner Kleider beraubt. 11. Jesus wird an das Kreuz genagelt. 12. Jesus stirbt am Kreuz. 13. Jesus wird vom Kreuz abgenommen und in den Schoß seiner Mutter gelegt. 14. Jesu Leichnam wird in das Grab gelegt.

Die 15. Station, Jesu Auferstehung, fehlt. Die Struktur des Bildes aber deutet sie an: In der aufsteigenden Linie des Kreuzweges befindet sich die

Grablegung Jesu, entgegen dem Wortsinn, auf der höchsten Ebene des Bildes, also schon in himmlischen Regionen. Noch verstärkt wird dieser Eindruck durch die Diagonale von links unten nach rechts oben: von der Erniedrigung zur Erhöhung.

Die Figuren sind grob skizziert, kaum kenntlich, wie ein in Stein gekratztes Graffiti: unter großem Druck mit abgesetzten Strichen. Es fehlen Gesichter. Um so mehr fällt der Kopf auf dem Schweißtuch der Veronika ins Gewicht: Das Antlitz weist keine individuellen Züge auf, es wirkt wie eine Demonstration: ein „Ecce Homo": Siehe, ein Mensch!

Annäherung 3

Die in die Beschreibung des Wandbildes eingegangene Interpretation läßt erkennen: Die Autorin findet in der Darstellung ihr Vertrautes wieder. Ohne dieses Vorwissen ist die Skizze allenfalls zu buchstabieren, aber nicht zu verstehen. Matisse setzt eine Beheimatung in der christlichen Tradition voraus. Seine karge Skizzierung des Leidens Jesu löst keine Bewegung der Scham, kein Augenniederschlagen mehr aus. Ebensowenig fördert sie eine sadomasochistische Betrachtungsweise. Die Figuren sind Chiffren für Eingeweihte.

Es sind keine Kulissen zu sehen, Königspaläste, Gassen, Stadtmauern, Landschaften, wie auf manchen mittelalterlichen Darstellungen; keine Soldaten, Römer, keine Menschenmenge. Bei Matisse müssen diese Szenerien von den Betrachtenden geliefert werden – gefärbt mit Blut, Schmerz und Tränen, getränkt mit Gewalt und Ambivalenz – oder sie existieren nicht. Matisses Kreuzweg bezeichnet ein Drama, welches nur in der Phantasie, in der Erinnerung der einzelnen lebendig wird und zur Aufführung kommt. Was aber kommt zur Aufführung?

Dieser Kreuzweg kann nicht begangen werden, nur die Augen gehen den Weg über die Stationen. Die Gliedmaßen des Gläubigen sind ausgeschaltet, es gibt keine körperliche Bewegung mehr im Nachvollziehen des Geschehenen. Der äußere Raum, ein Raum für die Gebärde, ein Raum für die Kommunikation untereinander, wird ersetzt durch den inneren Raum der Vorstellung.

Entfernung 1

Kreuzwege sind im christlichen Europa erst in den Zeiten der Kreuzzüge und der damit verbundenen Judenpogrome installiert worden. Sie galten als Ersatz für den realen Pilgerweg der Kreuzzügler von Jerusalem nach Golgota.

Die Kirche förderte diese Frömmigkeitsübung, behielt aber die Kontrolle, indem sie den Kreuzweg als „pia exercitia" einstufte. Das heißt, der Kreuzweg ist noch kein Mittel zur Erlangung der Gnade, die Gläubigen bedürfen dazu weiterhin der Vermittlung des Geistlichen.

Den Kreuzweg gehen heißt für Gläubige, den Leidensweg Jesu nachzuvollziehen und zu verehren. Den eigenen Nöten und Leiden kann so ein Sinn verliehen werden. Ausharren, aushalten, sich ergeben, so wie auch Jesus Christus sein Kreuz freiwillig auf sich genommen hat. Und damit weiterleben können, ohne zu verzweifeln, Christus nahe und getröstet. Eine Belohnung, ein besseres Leben nach dem Tode erhoffend.

Erklären sich Menschen ihr Leiden als nur selbstverschuldet und als Weg zum Heil, haben Herrschende ein leichtes Spiel.

Entfernung 2

Zirka vierzig Jahre nach Jesu Hinrichtung siegen die Römer im Jüdischen Krieg endgültig über das von Bürgerkrieg und Belagerung zerrüttete Israel. Jerusalem wird dem Erdboden gleichgemacht, die Bevölkerung hingeschlachtet. Paulus' Hoffnung auf die nahe Errettung ist zunichte gemacht. Der Messias ist nicht gekommen. Ein Rest überlebt. Wie soll es weitergehen? Aus der einen Antwort entwickelt sich das rabbinische Judentum, aus der anderen das Christentum.

Theologen wie Markus kreieren die Erzählung von Jesus von Nazaret neu. Sie berichten nun, Jahrzehnte nach seinem Tod, erstaunlich detailliert von einem Mann, der politisch etwas wollte und auch erreichte und deswegen ermordet wurde. Und sie berichten von seiner Auferstehung in der Gemeinde derer, die an ihn glauben. Markus nennt seine Erzählung „Anfang des Evangeliums". Es geht darum, nicht zu vergessen, nicht aufzugeben, an der Gerechtigkeit Gottes festzuhalten wider die real existierende Gewalt.

Entfernung 3

Für Markus z.B. hört der selbstbestimmte Weg Jesu mit seiner Verhaftung auf. Strukturiert das Verb „gehen" noch die Kapitel vor der Ölbergszene, so fehlt es danach, auf Jesus bezogen, gänzlich. Jesus „wird" dann nur noch „gegangen", unter Zwang, unter Anwendung von Gewalt. So wie auch Simon von Cyrene, vom Feld kommend, gezwungen wird, das Kreuz zu tragen. Handelnde Subjekte sind allein „sie", die Peiniger. Da ist die Erzählung deutlich: Sie kennt keinen Weg mehr, sie wird knapp, hebt die Entfernungen auf, braucht lediglich sechs Verse für den „Weg" zum Kreuz, und diese Verse sind schon determiniert durch die Vokabel „kreuzigen".

Was sagt dagegen der in die Länge gezogene Kreuzweg mit seinen 14 Stationen aus?

Die Markus-Erzählung kennt keinen Ansatz zur Leidannahme oder zur Leidensverherrlichung; wohl aber den Protest dagegen: „Und um die sechste Stunde ward eine Finsternis über das ganze Land bis um die neunte Stunde." (Mk 15,33) „Und der Vorhang im Tempel zerriß in zwei Stücke von obenan bis untenaus." (Mk 15.38)

Schließlich: Da wo kein Weg mehr ist, da ist noch das Rufen und Schreien: ein verzweifelter Schrei aus der Tradition in die Zukunft: „Eli, Eli, lama asabthani, mein Gott, mein Gott, warum hast du mich verlassen?" Ein Zitat aus dem Psalm 22, weiterzubeten bis zum letzten Vers von den an die Verheißung Glaubenden.

Mt und Mk unterlegen ihre Kreuzigungsberichte mit diesem Psalm 22, beharren auf dem Erinnerungsvermögen, legen in Jesu Schreien ihre Theologie, ihren Protest als Antwort auf das real existierende Grauen. Der Psalm 22 formuliert mit seinem Schrei nach dem Gott Israels den Anspruch an den Gott Israels auf Errettung des unter die Mörder Gefallenen. Im Verlauf des Gebets wird dieser Anspruch eingelöst; Gott steht für diese Hilfe: „Denn er hat nicht verachtet noch verschmäht das Elend des Armen und sein Antlitz vor ihm nicht verborgen; und als er zu ihm schrie, hörte er's … Die Elenden sollen essen, daß sie satt werden; und die nach dem Herrn fragen, werden ihn preisen; euer Herz soll ewiglich leben … denn des Herrn ist das Reich und er herrscht über allen Völkern … Ihn allein werden anbeten alle, die in der Erde schlafen; vor ihm werden beugen die

Knie alle, die zum Staube herabfuhren und ihr Leben nicht halten konn-
ten … Sie werden kommen und seine Gerechtigkeit predigen dem Volk,
das geboren wird. Denn er hat's getan." (Ps 22,25–32)

Wie soll es geschehen? Wann wird es geschehen?

Biblisch gelesen, hat das Leiden, das Kreuz, keinen Selbstzweck, es soll in
Gottes Namen überwunden werden. Vor der Auferstehung der Toten, mit
der Auferstehung der Toten.
Wenn dagegen das Leiden ausgestaltet, der Weg im Leiden in die Länge gezogen wird, wie es in der Tradition des Kreuzweges geschah, woher wächst
da die Kraft zur Überwindung des Kreuzes?
Bedeutet das Getauftsein auf den Namen Jesu Christi nicht, die auferlegten Kreuze dieser Welt im Geiste des Auferstandenen zu zerbrechen?

Nachsatz

„Philosophie, wie sie im Angesicht der Verzweiflung einzig noch zu verantworten ist, wäre der Versuch, alle Dinge so zu betrachten, wie sie vom
Standpunkt der Erlösung sich darstellten. Erkenntnis hat kein Licht, als
das von der Erlösung her auf diese Welt scheint: alles andere erschöpft
sich in der Nachkonstruktion und bleibt ein Stück Technik. Perspektiven
müßten hergestellt werden, in denen die Welt ähnlich sich versetzt, ver-
fremdet, ihre Risse und Schründe offenbart, wie sie einmal bedürftig und
entstellt im messianischen Lichte daliegen wird." (Theodor W. Adorno)

Literatur

Theodor W. Adorno, Minima Moralia, Frankfurt/Main 1980.
Arnold Angenendt, Geschichte der Religiosität im Mittelalter, Darmstadt 1997.
Birte Petersen, Theologie nach Auschwitz? Jüdische und christliche Versuche einer Antwort,
    Berlin 1998.
Ton Veerkamp, Das Scheitern der messianischen Bewegungen und die Entstehung des Chri-
    stentums, in: Texte und Kontexte, Nr. 70, Berlin 1996.

Andrea Bieler, Dr., geb. 1963, ist Wissenschaftliche Assistentin für Praktische Theologie und Inspektorin am Theologischen Stift der Universität Göttingen. Sie arbeitet an einem Habilitationsprojekt zur jüdischen und christlichen Homiletik und Predigtkultur. Forschungsschwerpunkt: Feministisch-theologische Fragen in der Praktischen Theologie. Seit Juli 2000 ist sie Professorin für „Christian Worship" an der Pacific School of Religion und an der Gradual Theological Union in Berkeley, Kalifornien.

Claudia Janssen, Dr., geb. 1966, Studium der Evangelischen Theologie in Kiel und Marburg. Vikariat in der Hannoverschen Landeskirche. Langjährige Mitarbeit am Forschungsschwerpunkt Feministische Befreiungstheologie an der Universität Gesamthochschule Kassel. Mit anderen Frauen und Männern arbeitet sie seit einigen Jahren an dem Projekt einer Feministischen Sozialgeschichte des frühen Christentums. In diesem Zusammenhang steht auch ihre Dissertation „Elisabet und Hanna – zwei widerständige alte Frauen in neutestamentlicher Zeit", Mainz 1998. Weitere Forschungsschwerpunkte sind: Antijudaismus und christliche Identität, paulinische Anthropologie und Ekklesiologie. Zahlreiche Veröffentlichungen zu sozialgeschichtlicher Bibelauslegung.

Magdalene L. Frettlöh, Dr., geb. 1959, ist wissenschaftliche Assistentin im Fach Systematische Theologie/Dogmatik an der Ruhr-Universität Bochum. Ihre Arbeitsschwerpunkte sind: Dogmatik als Biblische Theologie, Reinterpretation bes. reformierter Traditionen in genderspezifischer Perspektive. Buchveröffentlichung: Theologie des Segens. Biblische und dogmatische Wahrnehmungen, Gütersloh 1998.

Benita Joswig, geb. 1965, Studium der evangelischen Theologie und Kunst in Heidelberg und Kassel. Sie arbeitet als wissenschaftliche Mitarbeiterin an der Universität-Gesamthochschule Paderborn mit dem Schwerpunkt Ästhetische Bildung und Praktische Theologie. Ihr Arbeitsschwerpunkt ist die interdisziplinäre Verbindung von Theologie, Kirche und Kunst.

Folgende Katalogveröffentlichungen liegen über ihre künstlerische Arbeit vor: altäre, Kassel 1994; zus. mit Barbara Bux (Hg.), Grüne Ohren, Kassel 1997; art box – Kassel und Kunstschule Potsdam (Hg.), Abdrücke des ehemaligen KGB-Gefängnisses Potsdam, Kassel 1997. Seit 1998 künstlerische Beratung für die Kunst- und Kulturprojekte im Lutherkirchturm/Kassel. Sie ist Preisträgerin des Kunstförderpreises der Dr. Wolfgang-Zippel-Stiftung/Kassel.

Luise Schottroff, Prof. Dr., geb. 1934, Studium der evangelischen Theologie, Abschluß des Studiums 1960 mit der Promotion zur Dr. theol. an der Georg-August-Universität Göttingen. 1969 Habilitation für das Fach Neues Testament, danach Privatdozentin und Professorin an der Universität Mainz. Von 1986–1999 Professorin für Biblische Theologie/Neues Testament an der Universität Gesamthochschule Kassel. Arbeitsschwerpunkte sind Sozialgeschichte des frühen Christentums und feministische Auslegung des Neuen Testaments. Seit 1986 arbeitet sie zusammen mit anderen Frauen an Projekten im Rahmen eines Forschungsschwerpunkts Feministische Befreiungstheologie in Kassel. Diese Arbeit wird sie auch nach ihrer Pensionierung weiterführen.

Rachel Seifert, geb. 1960, Pfarrerin, arbeitet zur Zeit als Frauenbeauftragte im Kirchenkreis Steinfurt-Coesfeld-Borken/Westfalen. Sängerin.

Regula Strobel, geb. 1956, ist katholische Theologin, war in der Gemeindearbeit und in der Forschung tätig. Sie arbeitet zur Zeit auf einer Teilzeitstelle für Frauenarbeit und engagiert sich freiberuflich. Sie lebt in Freiburg i. Uechtland (CH).

Beate Wehn, geb. 1970, Studium der Evangelischen Theologie und Germanistik für das Lehramt an Gymnasien in Siegen (1990–1992) und Kassel (1992–1996). Seit 1997 ist sie als wissenschaftliche Mitarbeiterin im Feministisch-Befreiungstheologischen Archiv an der Universität Gesamthochschule Kassel tätig und arbeitet an einer Dissertation zu „Gewalterfahrungen von Frauen in den apokryphen Apostelakten". Arbeitsschwerpunkte: Antijudaismus in christlicher Theologie, frühchristliche Sozialgeschichte, Gewalt gegen Frauen.

Verzeichnis der Abbildungen

nach S. 96:
Ulrike Rosenbach, „Verrückter Tanz" (1994);
© Ulrike Rosenbach, Bornheim

nach S. 112:
Mathias Grünewald, Isenheimer Altar (Kreuzestafel):
Musée d' Unterlinden – F-68000 Colmar,
Photo: O. Zimmermann

nach S. 128:
Rosemarie Trockel, „Ich habe Angst", Köln, St. Peter, 1993;
© Rosemarie Trockel, Köln

nach S. 144:
Henri Matisse, Kreuzwegstationen (1949–1951),
Chapelle du Rosaire, Vence;
© Succession H. Matisse/VG Bild-Kunst, Bonn 2000

So kennen Sie die Bibel (noch) nicht: ein feministisch-theologisches Lesevergnügen!

Claudia Janssen / Ute Ochtendung / Beate Wehn (Hg.)
GrenzgängerInnen
Unterwegs zu einer anderen biblischen Theologie
Ein feministisch-theologisches Lesebuch
1999. 208 S., Kt.
ISBN 3-7867-2203-X

Spannend und lebendig geschrieben, gibt dieses Buch neue Einblicke in die Bibel. Im Alten Testament gibt es nicht nur viele Texte, die von Unterdrückung und Verachtung der Frauen reden, sondern auch ein wunderbares Buch über Frauensolidarität: die Erzählung von Rut und ihrer Schwiegermutter Noomi ... In erzählender Form macht uns das Werk mit dieser und weiteren äußerst interessanten Entdeckungen in der Bibel und rund um die Bibel vertraut. Doch den AutorInnen gelingt es darüber hinaus, den Bogen zu uns heute zu schlagen: Lassen Sie sich überraschen!

Matthias-Grünewald-Verlag · Mainz

Frauenleben in der Antike – Vorbilder für das Heute?

Claudia Janssen
**Elisabet und Hanna – zwei widerständige
alte Frauen in neutestamentlicher Zeit**
Eine sozialgeschichtliche Untersuchung
Mit einem Vorwort von Luise Schottroff
1998. 256 S. mit s/w-Abb., Kt.
ISBN 3-7867-2071-1

Zwei alte Frauen stehen im Mittelpunkt dieses Buches.
Elisabet und Hanna, wie sie in den ersten Kapiteln des
Lukasevangeliums beschrieben werden. Claudia Janssen
lässt beide Gestalten aus ihrem Schatten hervortreten und
zeigt, wie gerade sie Messiaserwartung, Anbruch der
Gottesherrschaft, Hoffnung und Widerstand verkörpern.
Dieser Ansatz einer feministischen Befreiungstheologie ist
von der Jesustradition selbst inspiriert: Öffne deine Augen
für die Letzten in der Gesellschaft, und du wirst die Fülle
des Lebens schauen! Die Autorin bereitet eine Fülle von
Material über die Situation von Frauen in der Antike auf,
das auch durch einen eigenen Bildteil illustriert wird. Ein
herausragender Beitrag zur sozialgeschichtlichen und
feministischen Bibelexegese!

Matthias-Grünewald-Verlag · Mainz

Eine neue Sicht der Erzählung von der „blutflüssigen Frau"

Ulrike Metternich
„Sie sagte ihm die ganze Wahrheit"
Die Erzählung der „Blutflüssigen" –
feministisch gedeutet
Mit einem Vorwort von Luise Schottroff
2000. 256 S., Kt.
ISBN 3-7867-2234-X

Die Erzählung von der „blutflüssigen Frau" aus dem Markusevangelium steht im Mittelpunkt dieser sozial-geschichtlich-feministischen Untersuchung. Durch eine genaue Analyse der Hintergründe zeigt die Autorin auf, dass es sich bei dieser Perikope nicht – wie die meisten Experten meinen – um einen Tabubruch handelt, sondern um die Darstellung der tiefen Gottesbegegnung einer Frau, die am eigenen Leib die Kraft Gottes erfährt. Es ist eine Erzählung vom Anbruch der heilen Zeit, von der Gegenwart des Reiches Gottes.

Matthias-Grünewald-Verlag · Mainz

Die bekannte Theologin Ina Praetorius fragt: Was kommt nach dem Patriarchat?

Ina Praetorius
Zum Ende des Patriarchats
Theologisch-politische Texte im Übergang
2000. 160 S., Kt.
ISBN 3-7867-2230-7

Lebensbejahendes Handeln jenseits des zu Ende gehenden Patriarchats: Darum geht es der feministischen Ethikerin und Theologin Ina Praetorius in ihren Texten zu Themen wie Bioethik, Würde der Kreatur, alternatives Wirtschaften u.a. Dabei lässt sie uns auch die scheinbar so vertrauten Texte der christlichen Tradition neu entdecken.

Matthias-Grünewald-Verlag · Mainz